KB122088

어머니께,

세상 온갖 집 이야기를 내게 들려주셨던 어머니.

반 고흐의 들판 위 오두막부터
르코르뷔지에의 호숫가 집까지

집 의   탄 생

김민식 지음

b.read

목차

2

집을 보다

3

집에 머물다

우리들의 집 이야기

나는 나무를 만지는 사람이다. 나무의 수종을 고르고 목재의 등급을 나누는 것이 나의 일이다. 내 손을 거친 후에 목재는 집 짓는 장소로, 가구 작업대로 자리를 옮긴다. 여기에 펼친 집 이야기는 느릿느릿 나무를 만져온 사람의 관찰기이며 세월과 바람에 일렁거렸던 감동과 감정의 기록이다.

11월 말 마루로 오후의 긴 햇살이 떨어지던 내 어린 시절의 집, 가파른 세월 속에 아이들도 이제 모두 분가하였고 분주히 안방 문을 여닫던 소리, 첫아이가 배를 밀며 일어서던 그 방도 기억으로만 남았다. 그 집은 다시는 돌아갈 수 없는 공간. 회한이 이른 봄 아침 안개로 휘감기고 집은 시인의 노래가 된다. "차마 꿈엔들 잊힐 리야" 무엇일까, 부모님과 가족 모두 그 집에 있었을 때의 모습으로 떠오른다. 나는 집 안에서만 거주한다.

집은 어려운 주제다. 집 짓기는 지식, 정보, 경험을 모두 동원하여 진행하는 작업이다. 요즈음 이곳저곳 방송에도 유튜브에도 건축과 집 고치기 프로그램이 부쩍 많아졌다. 집은 무척 인기 있는 주제라 한다. 그런데 집을 주제로 한 많은 방송 프로그램은 그저 시대의 유행에 맞춘 예능 프로그램에 불과해 보인다. 집이 뚝딱 나온다. 꼴을 갖춘 원목 의자 하나 완성하기도 만만치 않은데 건축가는 집 짓기가 쉽다며 시청자를 부추긴다. 방송의 달콤한 묘사와 달리 우리 사회 집 짓기의 양태를 바라보는 내 슬픔은 크고 탄식이 깊다.

초고속 성장을 계속해온 대한민국은 집 짓기와는 도무지 어울리지 않는 사회다. 경탄할 속도로 성취해버린 우리 사회 각 분야의 성공은 참으로 눈이 부신다. 국민총생산 규모는 세계 10위권에 성큼 진입했다. 경제 효율 속도에서 몽골 기마병도 무색할 만큼 우리는 냅다 달려왔다. 집도 몽골 초원에 이동 천막 게르^{ger}를 설치하듯이 후딱 세워야 한다. 안타깝게도 한국 건축가들은 대부분 집 건축에 익숙하지 않다. 경험이 부족하기 때문이다. 그라운드에서 펼치는 프로 선수의 아름다운 자세는 1만 시간 연습의 결과다. 〈아웃라이어〉의 저자 맬콤 글래드웰이 들려준 이야기다. 과밀한 도시라는 환경이 사회 문화의 근간이 되어버린 한국. 성공을 이루었으나 주택 건축의 연습, 마당은 사라져버렸다. 그래서 건축가들마저 집을 지으라면 난색을 보이고 우물쭈물한다. 누구 탓을 하랴, 사회의 문화요, 환경의 결과다.

강원도 산골로 들어온 지도 20년이 되었다. 내 집을 제일 먼저 짓고 몇 년이 지나서야 가까운 친구들이 하나둘 몰려왔다. 내가 금세 서울로 돌아올 줄로 짐작했고 심지어 산골 목수로 산다는 것이 농담인 줄 알았단다. 내 집 밑으로 친구들 집 다섯 채를 나란히 지었다. 그랬더니 목공소와 어울려 제법 산촌 마을 모습도 갖추게 되었다. 그러자 서울, 경기도는 물론 지리산 청학골 밑에도 집을 지어달라는 주문이 있었고 남해 매물도 해녀의 집 작업도 했다. 얼추 30여 호의 개별 단독주택을 20년간 지은 것이다. 고층 아파트 한 동의 절반에도 미치지 못하는 숫자다. 경제나 효율과 생딴전의 짓거리를 목공소에서 벌여왔다. 나의 이 작업에 동의해준 친구들과 건축주들이 없었다면 엄두도 낼 수 없었던 일이다.

20여 년 고마운 그들에게 풀어낸 집에 관한 나의 생각을 책에 담았다. 「홈 스위트 홈」 피아노 멜로디를 들으며 첫 장을 썼다. "즐거운 곳에서는 날 오라 하여도." 2014년 국내 개봉한 지브리 스튜디오의 애니메이션 〈반딧불이의 묘〉는 「홈 스위트 홈」을 OST로 선택하였다. 소프라노 아멜리타 갈리쿠르치가 1927년 녹음한 음반이다. 집 이야기를 쓰는 나의 선곡도 지브리 스튜디오와 같다. 세상에 내 집 같은 곳은 없어라.

2022년 6월

김민식

1

집에 살다

즐거운 나의 집

내 쉴 곳은 작은 집 내 집뿐이리. 19세기 이후 「홈 스위트 홈 Home, Sweet Home」은 세상에서 가장 널리 불리는 노래가 되었다. 영국인 헨리 비숍이 작곡했고 미국 배우 존 하워드 페인이 노랫말을 썼다. 이탈리아 아리아, 독일 가곡 중에 빛나고 심금을 울리는 애창곡이 많지만 「홈 스위트 홈」은 어떤 국적의 사람이 언제 어느 장소에서 불러도 따라 하고 싶은 곡이다. 홈 그리고 스위트 홈, 굳이 '집'으로 옮기지 않아도 좋다. 그냥 홈으로 써도 전혀 어색하지 않으니, 홈경기, 홈페이지, 홈쇼핑, 심지어 대한민국 국세청의 인터넷 서비스 웹사이트도 홈택스 Hometax다. 집이 내 안에 있고, 내가 집 안에 있다. 집은 언제나 나와 함께한다.

내 기억 속에 존재하는 집이 있고, 지금 내가 거주하는 공간인 나의 집이 있다. 영화 〈오즈의 마법사 The Wizard of Oz〉에서 어린 소녀 도로시는 하늘에서 내려온 듯 청아하게 「오버 더 레인보 Over the Rainbow」를 부른다. 한적한 농촌 마을의 소녀는 저기 무지개 너머 백마 탄 왕자님이 있는 궁전을 꿈꾸었으리라. 마법사를 만나기까지 온갖 모험을 헤쳐나가면서 지혜를 얻는 주인공 소녀. 이 영화의 마지막, 마법사와 함께 되풀이하는 주문 "세상에 내 집 같은 곳은 없어라 There's no place like home", 「홈 스위트 홈」의 바이올린 선율이 따라 나오고. 꿈에서 깨어난 도로시, "세상에 내 집 같은 곳은 없어라." 토네이도에 날아가버린 도로시의 집은 미국의 전형적 경량 목구조 집이다. 폭풍에 날아가는 집의 목재 구조까지 영화는 고스란히 보여준다. 아마도 19세기 초라한 미국 대평원의 초라한 농가, 바람 세차게 부니 말은 우리에서 뛰쳐나오고 닭은 종종걸음, 강아지는 숨어버렸다. 집의 나무 문이 그까짓 바람을 이기지 못해 소녀가 여닫기에는 힘겹다. 무지개 위 푸른 하늘 파랑새처럼 날고 싶던 주인공, 하지만 "다시는 다시는 이 집을 떠나지 않을 거예요."

「홈 스위트 홈」 선율 애달프기로 일본 지브리 스튜디오에서 1988년 제작한 애니메이션 다카하타 이사오 감독의 〈반딧불이의 묘〉가 있다. 제2차 세계대전 중 일본 대공습 때의 풍경이다. 어린 남매 세이타와 세쓰코의 거처는 폭격을 피하기 위한 교외의 방공호다. 공습을 피하며 굶기에 지친 남매는 차례로 죽고 오빠 세이타가 혼령이 되어 회상하는 장면은 〈오셀로〉 마지막 무대(질투와 의심으로 끝내 아내를 죽이고 자결한다)의 슬픔을 방불케 한다. 이 애니메이션은 전쟁의 참화에 몸서리치는 다카하타 감독의 반전反戰 영화임에도 전범 국가 일본 시민의 피해가 강조되었다는 이유로 우리나라에서 제때 개봉되지 못하였다. 평화를 염원하는 양심적 세계 시민의 작업에 국적을 들먹이는 속좁음이 안타깝다.

전쟁이 끝나고 방공호가 있던 교외 지역에는 현대적 주거 단지가 들어섰다. 난리통에도 남매가 물장난하며 뛰어다녔던, 반딧불이를 쫓던 곳. 오빠 세이타의 혼령이 먼저 묻힌 동생 세쓰코와 방공호를 떠올리는데 「홈 스위트 홈」 빅터 레코드의 LP판이 돌아간다.

Mid pleasures and palaces though we may roam

Be it ever so humble, there's no place like home

A charm from the skies seems to hallow us there

Which seek through the world, is never met with elsewhere

Home home Sweet sweet home

There's no place like home

There's no place like home

번역한 우리 가사는 이러하다.

즐거운 곳에서는 날 오라 하여도

내 쉴 곳은 작은 집 내 집뿐이리

내 나라 내 기쁨 길이 쉴 곳도

꽃 피고 새 우는 집 내 집뿐이리

오 사랑 나의 집

즐거운 나의 벗 집 내 집뿐이리

소프라노 아멜리타 갈리쿠르치의 보컬이 흐르고 방공호에 머물던 지난 시절을 회상하는 오빠 세이타의 혼령. 소름 돋는 장면이다. 멀리 카메라 앵글로 아담한 소나무 숲이 먼저 나온다. 그리고 방공호를 비추며 화면이 멀어지더니 졸참나무 가지와 잎. 졸참나무는 여러 참나무 중에서도 잎이 가장 작아 정답다. 참나무에 열리는 도토리도 졸참나무의 것이 가장 작다. 만약 카메라 영상이었다면 졸참나무 잎사귀까지 그렇게 잡아낼 수 있었을까? 지브리 스튜디오 애니메이션의 디테일에 탄복할 수밖에 없는 것이 스치는 장면의 거리 풍경. 집, 나무, 풀 한 포기마저 허투루 넘기지 않는다. 감독의 스토리, 주제, 플롯에다 관객이 갸우뚱할 틈을 주지 않는 엄정한 디테일. 1927년 빅터 레코드에서 취입한 갈리쿠르치의 「홈 스위트 홈」, 한 편의 서정

시가 〈반딧불이의 묘〉를 가득 채운다.

방공호는 어린 남매 기억의 집이다.

「홈 스위트 홈」은 미국 남북전쟁 중에 상대 진영의 사기를 떨어뜨리기 위해 곧잘 연주되었다는 일화도 있다. 북군은 남군에게, 또 남군은 북군 병사의 향수鄕愁를 건드리기 위해 이 노래를 들려주었다. 아내와 늙은 어머니는 밤새 창문만 쳐다보며 바깥 소리에 귀 기울이고 노란 불빛 빼꼼히 새어 나오는 내 고향 집. 차가운 진창의 참호에 엎드려 있었지만 내 집의 공기와 온도는 전장터 병사 누구의 가슴에도 있었다.

"지금 집이 없는 사람은 이제 집을 짓지 않습니다. 지금 고독한 사람은 오랫동안 외롭게 살아가면서 잠 못 이루어 책을 읽고 긴 편지를 쓸 것입니다." 라이너 마리아 릴케의 「가을날」의 구절이다. 집은 이렇게 기억의 터에 자리하고 있다. 도저히 인간의 기억에서 집을 극복할 수 없는 것은 집에는 어머니가 있었기 때문이다. 사람마다 내 기억의 첫 집에 어머니가 함께하지 않는 경우는 없다. 원초의 집, 어머니의 자궁, 하늘 아래 어머니의 몸을 거치지 않은 사람은 없다. 하물며 창조주 신도 어머니의 아들이다. 금동아 옥동아 좋은 환경 아방궁 집이든, 어두운 불빛 식탁 위에는 감자 접시밖에 없었던 집이든 집은 그냥 어머니다.

열무 삼십 단을 이고

시장에 간 우리 엄마

안 오시네, 해는 시든 지 오래

나는 찬밥처럼 방에 담겨

아무리 천천히 숙제를 해도

엄마 안 오시네, 배추 잎 같은 발소리 타박타박

안 들리네, 어둡고 무서워

금 간 창틈으로 고요히 빗소리

빈방에 혼자 엎드려 훌쩍거리던

아주 먼 옛날

지금도 내 눈시울을 뜨겁게 하는

그 시절, 내 유년의 윗목

– 기형도,「엄마 생각」

바깥 소리 그대로 전하는 단칸방. 시인에게 집과 어머니는 뗄 수 없는 존재다. 시인은 유년의 집을 그의 가슴에 담고 종래 어머니 가슴에 묻혔다. 나를 최초로 눕게 한 자리, 지붕과 벽이 있어 세상 비바람을 막아주던 피난 터, 만 가지 번잡함을 떠난 나 홀로의 공간. 집을 가지고 있는가. 집에 머무르고 있는가. 그러하나 우리는 모두 집을 상실한 망명자의 후예, 낙원의 집을 멀리 떠났다. 어머니가 사무치고 집이 그립다. 「홈 스위트 홈」 노랫말을 쓴 존 하워드 페인은 배우, 극작가, 외교관으로 미국, 영국, 아프리카로 옮겨가며 살았는데, 함께하는 가족과 정해진 집이 없었다. '홈 스위트 홈'은 존 하워드 페인 기억 속의 집, 노스탤지어, 바라고 꿈꾸던 집이다.

There's no place like home. 세상에 내 집 같은 곳은 없어라.

졸참나무

참나무는 없다. 상수리나무, 갈참나무, 떡갈
나무, 굴참나무, 신갈나무, 졸참나무 등 도토
리 열매를 맺는 모든 종의 나무가 참나무다.
우뚝하며 키가 크게 자라는 상수리나무, 잎이
넓은 떡갈나무, 잎이 계란 모양으로 가장 작
은 것이 졸참나무다. 한반도 전역, 일본, 타이
완, 중국에 분포되어 있는 동아시아 참나무의
대표 수종이다. 졸참나무의 도토리로 만든
묵이 가장 부드럽고 향도 뛰어나다.

경량 목구조

통상 경량 목구조는 미국의 기본 제재목 치수 2인치×4인치를 일러 2×4라고 부른다. 나무 중에서도 가벼운 침엽수인 가문비나무(spruce), 소나무(pine), 전나무(fir)를 제재하여 사용한다. 이 세 수종의 나무는 공급이 풍부하여 SPF(Spruce, Pine, Fir)로 뭉뚱그려 구분한다.

영국에서 시작된 목구조 건축이 19세기 임산자원이 풍부한 미국에서 꽃을 피웠다. 철강산업이 등장하며 못을 쉽게 사용할 수 있게 된 원인도 크다. 원목을 다루는 숙련된 목수가 아니더라도 가볍고 작은 나무판자를 못으로 고정하며 쉽게 집을 지을 수 있었다. 미국 주택 보급에 혁명을 가져온 건축 공법이다. 미국이 이렇게 건강한 국가가 된 바탕에는 염가 주택의 대량 보급, 경량 목구조 건축의 힘이 크다.

건축이 사회에 미치는 영향을 생각한다. 국민의 주택 문제는 국방, 보건, 치안과 다른 차원의 주제가 아니다. 제2차 세계대전이 끝나고 미국식 경량 목구조 건축은 이웃 일본의 국민 주택이 되었다.

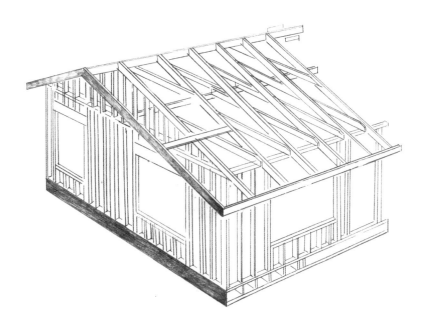

홈 혹은 하우스

"행복한 가정은 서로 닮았지만, 불행한 가정은 모두 저마다의 이유로 불행하다." 소설 〈안나 카레니나〉는 이렇게 시작한다. 소설은 안나와 브론스키 그리고 하늘 아래는 없을 것 같은 페르소나를 가진 순정 남편 카레닌, 여기에 레빈과 키티 부부의 가정사가 시종 교차한다. 탁월한 이야기꾼 톨스토이는 공산혁명 전 제정 러시아 귀족들의 생활상과 풍경을 독자가 고스란히 체험케 한다. 소설의 주인공 레빈은 영락없이 톨스토이 본인이다. 장소는 모스크바, 페테르부르크, 시골 영지, 이탈리아의 휴양지, 주요 인물은 모두 백작과 공작. 대하소설의 줄거리는 꽤 단순하다. 유부녀 안나의 불륜 행각으로 끊이지 않는 가정의 갈등, 결국 안나 카레니나의 몰락. 이와 대비하여 모스크바 상류사회를 떠나 시골 영지를 지키는 레빈과 키티 부부. 장면마다 묘사되는 그들의 집은 한결같이 저택이며 장원莊園 봉건제 영주의 토지이다. 백작의 저택에는 집사가 있고, 주방의 찬모, 아이들의 영어·불어 가정교사가 늘 가족과 함께한다. 19세기 후반 러시아 상류사회는 프랑스 전통 살롱의 얼개를 그대로 가지고 있다. 콤플렉스인가, 대체로 변방의 문화와 생활양식은 그들이 쳐다보고 닮고자 했던 중심부보다 더 엄격하거나 과장된 모습을 보인다. 러시아 귀족의 많은 일상

대화는 프랑스어로, 음식도 프랑스식, 와인은 물론이다. 안나 카레니나는 상류 사교계의 일원으로 항상 저택과 영지의 장원을 오가는 귀족 생활을 하지만 가정이 편한 날이 없다. 남편 카레닌과 정부 브론스키와도 그러했다. 안나는 사람들과 평범한 관계를 맺지 못하는 비극의 여인이다. 안나와 함께했던 브론스키, 카레닌의 삶은 당연히 평안하지 않았다.

레빈은 시골 영지를 관리하고 글을 쓰며 지역 교육에도 헌신한다. 톨스토이가 현실에서 살던 모습의 판박이다. 그런데 소심하고 의심 많은 변덕쟁이 레빈도 주변과 화목한 인물이 아니다. 레빈은 아내 키티에게 목숨을 다 바칠 듯 구혼하고 급히 혼례를 치르고는 시골 영지로 바로 내려온다. 신혼 한 달이 채 지나지 않았는데, 소설 속 레빈의 고백을 따라가면 그는 의심증이 심한 인물이다. 아내가 집을 찾은 외부인에게 조금만 친절해도 견디지 못하는 사나이. 주인공 레빈은 병적으로 섬세하고 까탈스러운 인물이다. 톨스토이의 연보에도 아내와 다투고 가출한 사건이 일차, 이차, 삼차까지 씌어 있다. 문호의 최후는 마지막 가출 사건의 작은 역 아스타포보(지금은 톨스토이역이라 불린다)였다. 유럽 대륙에서 낙후된 슬라브의 계몽주의자, 마하트마 간디의 사표였던 세계적 인물이 막상 아내와는 죽을 때까지도 편치 못했다. "불행한 가정은 모두 저마다의 이유로 불행하다." 야스나야 폴랴냐빛나는 언덕이라는 뜻의 소설가는 가정의 문제를 매사 아내 소피야 탓으로 돌렸다.

소설 〈안나 카레니나〉는 어느 장면과 배경에서도 온기가 느껴지지 않는다. 접견실, 소접견실, 식당, 침실(부부 방이 따로 있다), 아이 방, 유모 방…… 집이 너무 크다. 페치카로 그 넓은 실내를 덥혔을 테니 무슨 방도로 대륙의 겨울을 견뎠을까?

〈안나 카레니나〉 첫 문장의 행복한 가정은 집, 건물은 아닐 터이다. 가정은 정신적 공간, 행복한 가정은 유대하고 서로 존중하며 이를 느끼는 감정이 가득한 가족을 일컫는 것이다.

소설 속 러시아 귀족의 저택과 딴판인 작고 초라한 집이 같은 시기 노르웨이에 있었다. 에드바르 뭉크의 「아픈 소녀The Sick Child, 1925」, 세상에서 가장 슬픈 그림. 침대 위의 소녀와 간병하는 여인 그리고 물병 두 개가 전부다. 분위기로 보아 침대에 누워 있는 소녀가 위중하다. 어쩌면 운명하기 직전 교구 신부님이 종부성사병자성사. 죽음을 앞두고 받는 가톨릭의 성사를 끝내고 막 문밖으로 나가셨을 것도 같다. 그렇지만 실내가 을씨년하지 않다. 소녀의 담요와 등 뒤의 베개가 두툼해서일까. 방이 옹색한데 한기가 느껴지지 않는다. 검은색 두꺼운 커튼 옆으로 실낱 같은 빛이 새어 들어오는 작은 방이다. 약간의 빛이 소녀의 얼굴과 상반신을 드러낸다. 소녀는 고통도 미련도 없는 얼굴로 초록 언덕 위에서 들리던 새소리 너머를 물끄러미 쳐다본다. 소녀의 한 손을 쥐고 고개를 숙인 여인은 오열하고 있는지 가슴을 쥐어뜯는지 꼼짝하지 않고 그림 속에 묻혀 있다.

뭉크는 화업畫業 40여 년에 걸쳐 「아픈 소녀」를 소재로 많은 페인팅, 에칭, 드로잉을 남겼다. 죽어가는 소녀는 뭉크의 열다섯 살 난 동생이며 오열하는 여인은 남매를 키운 이모라고 전한다. 침대와 창문의 거리, 물병이 놓인 위치로 보아 고작 두세 평도 넘지 않을 공간이다. 비탄의 이미지를 그린 회화로 이를 능가하는 작품이 있을까? 여인은 어떤 표정도 보여주지 않는다. 등의 선만 있지 절규하며 등을 들썩이지 않고 소녀가 들을새라 숨도 정지하고 있다. 그림을 감상하는 이의 숨도 멎게 하는 비통한 장면이나 화폭의 색깔은 온화하고 따스하다. 벽지는 초록색이며, 검은색 커튼과 흐트러진 소녀의 머리는 죽음이 분명히 배달되었음을 알려주는데 베개에는 언덕 위의 연두색 풀, 라파엘로의 천장 구름이 뭉게뭉게 떠 있다. 천사들의 나팔 소리와 함께 소녀는 곧 구름을 타고 하늘로 오를 것이다. 벽난로에는 소나무 장작이나 석탄이 벌겋게 달아 있지도 않다. 아니, 아예 없다. 방은 창문에서 들어오는 손뼘만 한 햇살로도 충분해 보인다. 실내의 따뜻한 기운이 작은 방을 데운다. 침대 옆에서 오열하는 여인, 화가는 이 장면을 볼 수 없어 등을 돌리고 서 있었을 것이다.

가족과 작은 집. 프랑스와 독일에서 작업을 하던 뭉크는 장년에 돌아온 고향 오슬로에서 같은 주제의 그림을 계속 그렸다. 뭉크 내면을 한 번도 떠나지 않은 가족, 행복한 가정. 두어 평방에서 세상서 가장 슬픈 그림이 보여주는 뗄 수 없는 가족애. 이와 달리 대영지의 톨스토이 백작은 그런 따뜻한 가정을 가져보지 못했다. 백작의 집과 영지는 너무 크고 안나 카레니나와 귀족 브론스키가 머물던 장식 가득한 공간은 그들 삶을 공허하게 만들었을 뿐. 안나 카레니나가 모스크바와 페테르부르크 간 기차를 타고 다니던 시기와 화가 뭉크가 그린 작은 방에서 죽어가던 동생은 어떻게 견주어보아도 동시대의 풍경이니 얄궂다.

19세기 노르웨이의 집

산림이 풍성한 지역의 집 양식이 뚜렷이 보인
다. 인근의 나무를 손쉽게 가공하여 벽을 세
우고, 통나무의 끝부분에 오목하고 긴 홈을
내어 위아래의 나무를 연결시켰다. 귀틀집이
다. 지금도 핀란드의 교외 사우나, 독일과 스
위스의 리조트에서 흔히 볼 수 있다.

강원도에 귀틀집이 남아 있으며, 강원도 사람
들은 '투방집'이라 부른다. 토속 목재 구조 집
의 원형, 벌채한 나무로 완성된 가장 단순한
공정의 통나무집이다. 지역에 따라 지붕의 각
도가 가파르고 완만한 차이가 있을 뿐이다.

작아서 고아하며, 초라하여 빛나는

닭 울음 소리도 들리지 않았을 그때, 어디 작은 집인들 하나 있었을까? 비를 피하고 바람만 막아준다면 강가, 바닷가의 움푹 파인 곳, 산과 들에서 발견한 동굴에 터 잡아 살았다. 벽에는 이 모양 저 모양 그림이 있고 사냥했던 멧돼지나 사슴의 뼈, 불을 사용한 흔적도 발견된다. 이후 동굴에서 나와 하나둘 움집을 지었다. 나무 기둥 하나나 둘, 셋을 땅 위에 세우고, 지붕은 나뭇잎이나 가지를, 갈대나 억새풀로 잇고 흙을 바르기도 했다. 어떤 재료를 사용했거나 동굴에서 나온 인간이 손으로 지붕을 올렸다. 놀라워라, 건축의 출발이다.

여우가 굴을 파고 새가 둥지 지어 깃들어 살 듯 인류의 조상들은 작디작은 움집, 오두막집에 10만 년, 20만 년을 살아왔다. 의외로 작거나 소박한 집에서 첨단 과학 정보 시대의 많은 사람들이 정서적 안정을 찾고 깊은 노스탤지어를 가지는 것은 원시 본래의 모습이 우리에게 변하지 않고 남아 있다는 하나의 증거다.

아직도 원시 움집 흔적과 터가 지구 곳곳에서 발견되고 있다. 한반도에도 우리 직계 조상들이 집단으로 거주했던 움집 터가 서울 암사동과 양양, 대구, 부산 등지에서 속속 발굴되었다. 고고학계에서 또 새로운 근거를 찾아낼 수도 있겠으나 현재

까지 동아시아에서 가장 오래된 움집의 흔적은 일본 남단 가고시마의 기리시마霧島市에 있다.

기리시마의 우에노하라의 움집 터는 1만 년의 시간을 간직하고 있는데 9500년 전쯤 화산 대폭발로 묻혀 있었던 조몬 문화의 유적지다. 일본의 조몬 시대는 기원적 약 1만 4000년에서 기원전 약 300년 무렵으로, 줄무늬 빗살 모양이 새겨진 토기가 다량 발견되는 시기다. 기리시마는 화산 연기 자욱한 활화산이 눈앞에 있는 곳. 일본 최남단의 안온한 아열대 날씨와 더없이 아름다운 자연 풍광에도 불구하고 여행객은 산 정상 부위에서 끊이지 않고 올라오는 가는 화산 연기 앞에서 멈칫하게 된다. 화산 폭발로 1만 년 전 마을은 흔적 없이 사라졌으나 도리어 켜켜이 쌓인 화산재 속으로 움집 터가 남았다. 움집의 주인은 해류海流를 타고 북쪽 한반도에서 건너가고 또 남쪽 해양을 통해 일본열도에 정착한 무리들이었다고 전한다.

1만 년 전 집터에서 발견된 기둥과 대들보는 밤나무였다. 나는 움집의 구조재로 밤나무를 사용했다는 사실을 알고 1만 년 전 구석기시대로 시간 여행을 한다. 산양의 털이나 장어 가죽을 걸치고 수염 더부룩한 목수는 21세기 어느 대목大木 집 짓는 목수이나 소목小木 가구 짜는 목수보다 나무의 성격을 잘 알고 집의 기둥으로 사용할 수종을 선택했다. 떫은맛의 탄닌을 지닌 밤나무 목재는 습기에 강하다. 잘 썩지 않고 강도가 뛰어난 밤나무는 건축재로 사용하기에 더할 나위 없이 훌륭하다. 20세기 초까지 밤나무는 철도가 보급되며 침목으로, 또 탄광 갱도의 받침목에도 사용되었다.

18세기 프랑스 건축 철학자이자 예수회 사제였던 마르크앙투안 로지에는 최초의 인간이 만든 '원시 오두막집'을 건축의 시원始原으로 본다. 문명 시대의 건축은 인류의 조상들이 지은 원시 오두막집을 모방한 것이다. 1779년 쿡 선장 영국의 탐험가이자 항해사, 지도 제작자의 태평양 항해길의 선원 중에 화가 윌리엄 앨리스가 있었다. 쿡 선장의 배가 북극해에서 베링해협, 캄차카, 적도, 하와이, 오스트레일리아를 거쳐 뉴질랜드에 이르는 최초의 태평양 종단 항해 중 앨리스는 캄차카반도 러시아 극동에 있는 반도의 오두막집을 수채화로 남겼다. 그 반도의 오두막은 한반도 산간 지역의 오두막과 흡사하다. 제주도의 돌집과도 외양이 흡사해 보이는데 캄차카의 매운 바람에 서 있는 초가지붕은 우리네 형태와도 다르지 않다. 최근 한 건축가가 그의 SNS에 올린 1960년대 서울 풍경 흑백사진 하나, '뚝섬'이란다. 현재의 성수동이다. 볏단이 촘촘한 지붕 모습은 18세기 캄차카의 토속 집과 다르지 않았다. 저렇게 살았구나. 사진가 박옥수는 1960년대 한강 변 서민의 집을 사진집에 실었고, 건축가가 사진집의 이미지 한 장을 SNS에 올린 덕분에 나는 60년 서울 건축 시간 여행을 했다. 집 풍경을 담은 사진가, 이를 전하는 건축가 그리고 초가지붕 흙벽 집을 보는 나의 시선은 같다.

우리는 사람의 내면과 삶의 태도를 전혀 알지 못하면서도 집의 형태와 거주 지역에 관한 정보만으로 종종 그 사람을 섣불리 평가한다. 집이 주는 편견은 크다. 인도 뭄바이의 무케시 암바니 기업인, 인도 최고의 부자의 5명 가족 저택은 영화관, 무도회장, 엘리베이터 9대 시설 유지를 위해 600명이 일하고, 2021년 평가액 22억 달러라고 뉴스가 전한다. 반면 현재 세상에서 두세 번째 부호라는 미국 오마하에 있는 워런 버핏의 집은 70만 달러 약 8억 5000만 원라고 한다. 집 이야기만으로도 이 부호의 삶은 충실하고 또 전적으로 신뢰할 만한 사람일 거라는 짐작이 든다. 워런 버핏은 타인의 자금으로 글로벌 투자회사를 운영한다. 금융 투자업종은 신용이 출발이며 바탕이다. 보도에 따르면 2019년 워런 버핏과 점심 식사를 함께 하는 행사 경매 가격이 400만 달러 약 48억 원에 이르렀다고 한다. 이 행사 수익금은 전액 빈민 구제 단체에 기부하는데 벌써 20년째 이어온 이벤트다.

진시황의 아방궁은 몰취향과 저급한 인격을 이를 때 사용하는 표현이지 어느 한 조각의 존경과 칭찬도 묻어 있지 않다. 피츠제럴드는 〈위대한 개츠비〉에서 집에 대한 묘사와 거주지만으로 주인공의 캐릭터를 고스란히 드러낸다. 소설 속 개츠비의 저택은 조지안 양식으로 19세기 말 20세기 초 뉴욕의 부호들 사이에 유행한 복고풍 건축이다.

작아서 고아하며, 초라하여 빛나는 집이 있다. 작은 집이 그의 행적과 겹쳐질 때 이름은 더 깊이, 더 크게 남는다. 그들의 작은 집 앞에서 우리는 감동한다. 「귀거래사」 도연명의 초가집, 황희 정승의 비 새는 집, 세 칸 도산서당, 워즈워스의 비둘기 집, 데이비드 소로의 월든 호숫가 집, 법정 스님의 산중 토굴은 시대를 뛰어넘어 아름다운 집의 표상이 되었다. 아주 격렬한 표현도 있다. 2000년 전 팔레스타인의 인자^{人子}는 "여우도 굴이 있고 공중의 새도 거처가 있으되 나는 머리 둘 곳이 없다"며 탄식했다. 성경의 기록이다. 그러함에도 이 집 한 칸 없었던 분의 이름으로 세워진 건축은 지금 온 땅끝 곳곳에 이른다. 대조하여 베르사유궁전의 영화^{榮華}는 기요틴^{guillotine 프랑스혁명 때 사용한 단두대}으로 끝났고, 금박 화려한 오사카 성주 도요토미 히데요시의 위세도 자식 대를 넘기지 못했다.

지난 세기 비할 데 없는 민중의 사랑과 존경을 받았던 세계적 정치 지도자가 있었다. 미국, 러시아, 중국과 같은 강대국이나 유럽 문명국 출신이 아닌 베트남의 국부 호찌민이다. 호찌민의 베트남은 프랑스군을 물리쳤고 이어서 세계 최강 미국과의 지리한 전쟁에서도 승리했다. 프랑스군, 미국군에 비하면 맨발 맨손과 다를 바 없던 월남군. 그들에게 눈빛 형형한 지도자 호찌민이 있었다. 진보나 극우 이념을 초월하여 20세기 세계의 어떤 지성들도 가난한 베트남의 지도자에 대한 존경을 감추지 않았다. 베트남 어린이들은 국부 호찌민을 그저 친숙하게 아저씨로 불렀다. 이 아저씨는 평생 작은 오두막집에 살았다. 본인 당대에 비즈니스를 일으켜 세계의 부호가 된 이케아 창업주 잉그라드 캄프라드, 월마트의 샘 월튼도 그냥 수수한 내 옆집 아저씨 같았다고 한다. 스티브 잡스도 그러했고 페이스북 주커버그의 평범한 집은 더 이상 큰 뉴스거리도 아니다.

작은 집에 대한 인간의 서정으로 꼽을 만하기로는 베르사유 궁전의 트리아농 가든과 왕비의 촌락이다. 하늘 아래 사람들의 서정은 황금 마차를 탔던 귀한 신분이든 물레방아에서 밀 빻는 여인이든 다르지 않았다. 트리아농 가든의 주인은 마리 앙투아네트. 남편은 루이 16세. 오스트리아 프란츠 황제의 막

내딸로 빈의 궁전에서 태어나, 베르사유궁전으로 시집왔다. 그러나 황금 샹들리에 빛나는 파티와 호사에 앙투아네트는 만족할 수 없었다. 왕비는 트리아농 위쪽에 로마의 황폐한 터를 흉내 내 작은 시골 마을을 만들었다. 시골집, 물레방앗간, 창고, 전형적 농촌의 풍경이다. 흙 한번 밟아보지 않았을 마리 앙투아네트는 우울증과 향수병을 베르사유궁전이 아닌 작은 시골 마을에서 달랬다.

원시 자연에서 출발한 인간은 작은 집을 찾고 여기에서 정신적 위로를 받는다. 인류의 조상들로부터 물려받은 너와 나에게 내재된 본능이리라. 작은 집에서 빗소리를 듣는다. 바람의 결을 읽는다. 작은 집에서는 바람 한 점 스치는 것도 놓치지 않게 된다. 내 집 지붕 위로 솔방울이 툭툭 떨어진다. 내 몸과 하나가 되는 집, 정신이 흐트러지지 않는 공간, 무심한 영혼이 있어 나를 에워싼다.

밤나무와 가고시마 움집

봄꽃이 모두 지고 바람에 온기가 실리기 시작하면 밤나무는 하얀 꽃을 피운다. 우리 골짜기에서 가장 많은 나무가 밤나무인 듯하다. 밤나무 목재는 단단하고 색조의 변색은 아름다우며 시간이 흐를수록 윤기가 더해진다. 목질은 탄닌이 많아 잘 부패하지 않는다. 이 정도의 특성을 가진 나무라면 최상의 대접을 받아야 하지 않겠는가? 아마도 대부분의 한국 사람들은 밤나무로 만든 장식장, 밤나무 지주대를 만나지 못했을 것 같다. 제사 때 사용하는 오랜 나무 그릇 그리고 사당의 조상 신주는 밤나무를 깎은 것이다.

가고시마에서 화산재에 묻혀 있던 1만 년 전 조몬 시대의 집터가 발견되었다. 움집의 기둥이 밤나무였다. 1만 년 전 인류의 조상들도 나무의 특성을 파악하고 분류했다는 사실이 놀랍다. 가고시마 움집의 밤나무, 우리 조상들을 모시는 제사 그릇의 밤나무, 왜 밤나무일까? 밤나무의 연결 고리가 궁금하다.

트리아농 가든

베르사유궁전 트리아농 가든에 있는 왕비의 시골 마을. 실제 18세기 유럽 촌락 모습 그대로 물레방아, 외양간이 있고 뜰에는 닭, 돼지, 양도 풀어두었다. 왕비는 마리 앙투아네트다. 휘황찬란한 베르사유궁전에 누가 정붙이며 살 수 있었을까? 이 작은 촌락에서 왕비는 숨을 쉴 수 있었다. 지금은 완전히 민속촌이 되어버렸지만. 귀족이나 신흥 부자들에 국한되었겠지만 18세기 바로크, 로코코 시대에도 파리를 떠나 전원과 교외의 주택을 찾는 풍조가 있었다. 재밌는 일이다. 장 자크 루소의 "자연으로 돌아가라"라고 말하던 시대다.

이름 없는 집

제주도를 처음 갔을 때가 기억난다. 다른 나라였다. 항공사의 호텔 하나 덩그러니 높았고 공항을 나오니 그저 섬마을 풍경이었다. 온통 현무암에 바람 많은 섬은 집도 밭도 무덤에도 검은 돌담이 보였다. 집집마다 곶감 엮듯 돌을 엮어 억새풀 지붕에 얹어두었고, 감귤 농장마다 돌로 벽을 쌓은 작은 창고가 있었다. 이제야 아득하게 '제주 반barn 건축'이라 불러본다.

반은 우리말로 농장에 딸린 곡식이나 농기구, 가축을 두는 창고나 헛간쯤 되겠다. 반 건축이란 용어를 미국에서 처음 들었다. 그것이 건축인가? 텍사스 포트워스였는데 사람들은 푸근했고 여행자의 다음 목적지를 묻고는 꼭 그들 차로 바래다주던 호의가 잊히지 않는다. 성조기와 텍사스주 깃발이 휘날리는 건물을 가리키며 옥수수, 밀을 보관하던 반을 사무실로 쓴다고 했다. 휴스턴, 댈라스, 포트워스 작은 도심에서 조금 비켜나면 나무판자 건축이 많았다. 서부 영화 세트장의 단층, 이층집이 아니라 언뜻 장충체육관 규모의 판자 건축들도 눈에 띄었다. 그 판자 건축은 서부 개척 시대 총잡이들이 활보하는 영화 속 텍사스와 전혀 다른 서정을 가지고 있었다. 이후 보스턴, 시애틀 부두의 창고, 일본 홋카이도, 스페인의 와이너리에서 같은 유형의 때 묻은 건축을 보았다. 보는 것마다 새롭던 나의 1980 연대기다.

지금 나는 강원도 태백 준령의 서편西便에 살고 있다. 저기 마을 산기슭 외딴집은 곧 쓰러질지 모를 형세다. 내린천, 미산계곡, 돌배마을 건너편에 지붕은 녹슬고 사람 흔적 보이지 않는 집. 작은 장독 두어 개가 보인다. 나무꾼이 살던 집이었을까, 화전火田 일구던 가족이 살았을까 짐작만 할 뿐이다.

반 건축이 서정 짙게 머문 강원도 산골의 집들도 10년 세월을 경계로 나누면 쓰러지고 사라진다. 강산 변하는 것은 여기 산중에도 어김없으니. 한 해 긴 겨울 움츠렸다 푸른색 터지기 시작할 때 기지개 켜며 인근을 지나면 저기 그 집은 흔적 없어지고 생뚱하게 터만 남았다.

20년쯤 전의 일이다. 오스트리아의 목재 가공처를 찾아갔을 때였다. 쉔브룬 궁전에서 구스타프 클림트의 황금색「키스」에 눈을 뺏기고 호프만과 아돌프 로스가 설계한 로스하우스Looshaus를 보고 아메리칸 바에서 커피 한잔에 숨을 고른 후 체코행 기차에 올랐다. 체코 평원의 너도밤나무 합판 공장은 오스트리아 빈에서 한달음이면 갈 수 있는 곳이다. 독일, 프랑스 기찻길 넘나들며 한순간 바뀌는 국경의 풍경에 익숙했지만 오스트리아와 체코는 합스부르크 왕국의 같은 나라였다. 제1차 세계대전 후 오스트리아와 체코슬로바키아로 나누어졌을 뿐이다. 불과 한 세대 만인가, 풍경이 이렇게 달라졌다. 오스트리아 빈의 다운타운 상점 거리, 오페라하우스는 런던, 베를린, 파리에 비하여 규모는 작을지언정 제국의 잔영이 짙게 남아 있다. 그런데 체코로 국경을 넘어 들어가면 타임머신을 탄 듯 바로 고즈넉한 풍경이 시작된다.

빈에서 불과 몇 분 지나지 않아 펼쳐지는 체코의 밀밭, 군데군데 작은 과수원에는 포도가 열려 있었다. 살집 좋은 합판 공장의 매니저가 안내한 레스토랑은 동네 포도밭 안의 돌로 지은 농가였다. 시골길은 주유소도 편의점도 보이지 않았고 인근에는 어느 상점 하나 없는 한적한 농촌 지역이다. 1층은 주인이 사는 주거 공간이고 지하 계단을 내려가니 빈 테이블 하나 없이 사람들로 가득했다. 저 옆 와인 저장소는 그저 흙벽이었다. 테이블, 조명, 어느 것도 새것이 없다. 천장에 램프만 걸렸으면 그대로 반 고흐의「감자 먹는 사람들」광경 안으로 걸어 들어온 듯했다. 지하 식당을 나와 농가를 다시 보니 규모가 제법 있는 석조 건축이었다. 주변에 산은 전혀 보이지 않는데 저 돌 나르느라 황소는 콧김을 내뿜었을 것이며 인근 석공들 정 박는 망치 소리는 넓은 들판을 가득 메웠을 것이다. 지금은 여염 농가 주택으로 마을 레스토랑을 겸하는 이 돌집은 나폴레옹 기마병의 말발굽 소리와 히틀러의 탱크, 러시아 붉은 군대의 함성도 견뎌왔을 것이다. 농가 벽을 지탱하는 돌에서 200년 보헤미아 들판의 소리가 들렸다.

스페인 그라다나의 알람브라궁전에서 헤밍웨이의 론다 계곡 <누구를 위하여 종을 울리나>에 나오는 절경의 협곡 마을을 찾으면 온 언덕을 덮고 있는 올리브밭 사이 하얀 회칠한 작은 집과 군데군데 빽빽한 골목 마을이 나타난다. 붉은 벽돌로 쌓았거나 자갈 섞여 있는 벽, 지붕은 황토색 붉은 기와다. 안달루시아 지역의 수백 년 이어온 가난과 곤고한 풍경 속에 떡하니 번듯이 서 있는 건축은 찾기 힘들다.

그런데 흥미롭게도 현재 미국에서 가장 각광받는 예술가들이 모여 사는 곳, 휴양지의 풍경은 스페인 안달루시아의 가난한 건축에서 시작되었다. 미국 애리조나의 세도나, 뉴멕시코의 산타페는 상업 화보 촬영의 세계적 성지가 된 지 오래다. 비켜 앉은 슈퍼모델들 뒤로 돌산의 거친 벼랑과 골프 리조트의 붉은 벽돌 건축. 이 마을과 풍경을 만든 자들은 대부분 스페인 세비야항에서 배를 타고 신대륙으로 건너온 가난한 안달루시아 출신이다. 1492년 콜럼버스의 범선 산타 마리아는 세비야

항에서 출항했다. 미국이 멕시코 전쟁으로 차지한 세도나와 산타페의 말끔한 화보 배경지는 스페인 안달루시아 출신들이 개척한 지역이다.

작은 제조 공장 하나 눈에 띄지 않고, 보이느니 올리브 농장과 줄지은 포도밭뿐인 안달루시아 계곡 바람에 수백 년 농민들의 노랫가락이 섞여 들렸다. 알람브라궁전을 지은 무어인 Moors 8세기 이베리아반도를 점령한 아랍계 이슬람교도의 후손일까? 이집트 길거리에서 들은 아잔 azān 이슬람교에서 예배 시간을 알리기 위해 신도들에게 외치는 소리과 구별되지 않는다.

이집트 기자 Giza의 피라미드 옆 야트막한 언덕에서는 라디오인가 싶은, 확성기를 통하여 땅에 붙어 길게 끌려 나오던 리듬이 흠칫 다가왔다. 나일강 쪽으로 멀찌감치 보이던 천막집과 흙집 마을에서 느릿느릿 올라오던 연기와 그들의 박자는 다르지 않았다. 카이로에 아직 베드윈족 중동, 북아프리카 사막에서 유목 생활을 하는 아라비아 민족이 있나? 팔레스타인에서 온 난민일까? 이집트 천년 세월의 마을이다. 울컥하여 오래 내려다보지 못했다. 이집트 젊은이들은 강강술래 원을 그리며 춤에 흥겹고 나일강의 밸리 댄서 모델은 피라미드를 배경으로 사진 촬영 중이어서 또 시선을 돌릴 수밖에 없었다. 크리스마스 직전 합판을 팔러

갔던 쌀쌀한 날이었다.

세계 어디서든 이 모양 저 모양으로 살고 있는 집들은 대부분 건축가의 도움이 없이 지어진 건축이다. 강원도 가파른 화전민 마을, 제주도 화산이 만든 터에 훈련된 건축가가 있었을 턱이 없다. 체코 보헤미아 평원의 18세기에 지은 농가나, 상속은 대물린 가난밖에 없는 스페인 안달루시아 산악 집을 건축가가 디자인했다고는 상상도 할 수 없다. 벌이 윙윙 날아 육각 제 집 만들 듯, 새가 잔가지 물어 나르고 진흙 묻혀 와 둥지 틀 듯 집을 지었을 것이다. 사람들은 동네의 돌과 흙으로 반죽하고 구워 벽을 세웠다. 나무는 귀하여 쭉 곧고 굵은 기둥은 아예 없고 그나마 둥치 크고 곧은 나무는 최 진사 댁에서 사용했을 것이고, 신을 믿는 이들은 천당 입구를 지키는 사제관의 재목^{ᄈ木}으로 바쳤다.

예리코성^{성경에 나오는 세계에서 가장 오래된 성}을 쌓은 후 7000년, 인간 역사에서 건축가의 이름이 버젓한 집은 거의 없었다. 건축가의 이름이 뚜렷한 집이 등장한 지는 겨우 100년 남짓이다. 20세기에 들어와 건축가는 그가 활동하던 지역에서 대서양, 태평양을 넘어가며 이름을 남기기 시작했다. 종래의 건축주가 왕과 귀족 그리고 사제들이었다면 20세기에 산업과 상업 자본가들, 즉 시민들이 드디어 건축사의 클라이언트로 등장한 것이다.

새로 등장한 자본가 클라이언트들과 신진 건축가들은 종래의 전통 건축 질서를 일거에 전복시켰다. 건축의 혁명, 모더니즘의 출발이다. 르코르뷔지에의 빌라 사보아[파리 근교], 프랭크 로이드 라이트의 낙수장[펜실베이니아], 미스 반데어로에의 유리 집 판즈워스 하우스[시카고 인근]가 그중에서도 특별하다.

세 집의 이름과 건축가는 현대건축에서 너무 유명하고 너무 자주 인용되니 그대로 고유명사가 되었다. 이 이름난 집들은 지금 아무도 살지 않는다. 사람이 살려고 설계한 집이다. 미국의 단단한 활엽수 호두나무, 참나무, 물푸레나무의 최대 공급지 일리노이즈주와 펜실베이니아주는 목재를 찾는 이들에게 퍽이나 친숙한 동네다. 그 동네의 두 유명 건축가, 살아생전 명성을 떨쳤고 세상 우뚝한 개념을 세운 20세기 건축가가 디자인한 주택은 도무지 정답지가 않았다. 아방가르드 건축에는 작은 이야기 하나 비집고 들어갈 공간이 버거운데 놀랍게도 명성 드높은 건축가의 주택은 지금 모두 '보는 집'으로만 남았다.

제주도 돌집, 먼지 때 떨어지지 않는 안달루시아 붉은 지붕 집은 바람 소리 들리고 땀 냄새가 배어 있다. 물질 간 할머니, 대처로 시집간 고모, 대서양 파도를 헤치며 대구잡이 배 타러 간 삼촌은 몇 년째 소식이 없다. 옆 교구 새로 온 수사는 올리브 다섯 포대를 늙은 나귀에 싣고 어젯밤 사라졌다네. 이야기 끝없는 동네의 어설픈 건축이다. 배우지 못했고 가난한 자들이 지은 집이다. 마을 인근에서 쉽게 구할 수 있는 돌과 흙으로 이름 없는 이들이 절실하게 지은 흙집, 돌집, 토속 건축 앞에서 나는 눈을 뗄 수가 없다.

빌라 사보아

"20세기의 환경을 구축한 많은 것들의 출현을 결정하는 데는 르코르뷔지에의 〈건축을 향하여〉(1923) 200여 페이지면 충분했다." 알랭 드 보통 〈행복의 건축〉의 문장이다.

빌라 사보아는 르코르뷔지에의 건축 철학을 고스란히 보여준다. 하나, 필로티. 1층을 띄워 공간을 개방한다. 둘, 옥상 정원. 건축이 서는 터가 맡을 기능을 옥상으로 올린다. 셋, 열린 입면. 구조체 기둥을 뒤로 넣어 벽을 자유롭게 디자인한다. 넷, 자유로운 평면. 필로티 기둥 설치로 건물 내의 벽을 자유롭게 설치한다. 다섯, 가로로 긴 창. 긴 창을 배치하여 실내를 밝게 한다. 이 다섯 요소를 현대건축의 메니페스토(manifesto, 이탈리아어로 선언)라 천명했다. 건축가는 빌라 사보아에 이를 그대로 담았다. 파리 외곽의 교외 집이 완성된 후 옥상의 누수로 실내가 젖었고, 건축주는 이 집에서 건강도 크게 해쳤다는 후일담도 있다. 슬픈 현대건축(모더니즘)이다. 그러나 나는 세계의 많은 현대건축물 중에서 르코르뷔지에의 작업보다 조형이 더 조화롭고 더 아름답다는 느낌을 주는 건축은 아직 어디에서도 만나보지 못했음을 꼭 밝히고 싶다.

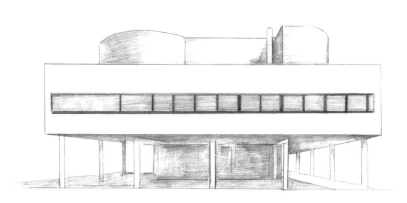

낙수장

미국 중서부 대평원의 건축가 프랭크 로이드 라이트의 건축이다. 낙수장은 펜실베이니아의 깊은 숲, 작은 샛강으로 물이 움푹 떨어지는 곳에 지은 집이다. 가을 단풍이 유달리 아름답고 인근에 자라는 참나무는 목재의 질이 좋기로 유명하다.

건축가 라이트는 뉴욕의 구겐하임 미술관과 1923년 도쿄의 임페리얼 호텔을 설계했다. 현재 100년 전 호텔 본관은 흑백사진으로만 남아 있으나 여전히 1층 로비 벽 쪽으로 라이트가 디자인한 등 높은 의자를 배치해두었다. 낙수장도 지금은 뮤지엄으로 남았다. 오가기 쉽지 않고, 사람 살기 불편하여 비워두었던 집이다. 그럼에도 현대건축의 걸작이라 관광 명소가 되었으니 이런 아이러니도 없다.

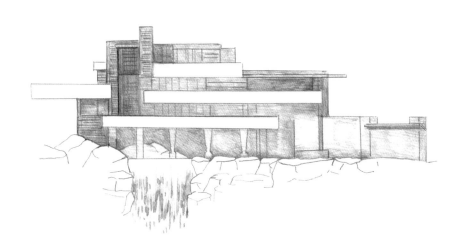

판즈워스 하우스

20세기 건축 모더니즘의 아버지, 독일 출신
미스 반데어로에의 설계다. 바우하우스의
마지막 교장이었고 그의 건축 철학 'Less is
more'는 모더니즘 디자인 건축의 경전이 되
었다. 시카고 인근의 판즈워스 하우스는 모
더니즘 건축을 설명하는 분명한 보기가 되겠
다. 철골 구조와 유리 박스는 굴뚝 산업이 가
지고 온 최신(첨단) 재료였으며, 미니멀 건축
디자인은 하나의 설치 작업과 다르지 않다.
미니멀리즘은 1960년대에야 미술 분야에서
비로소 등장한 용어다. 건축이 미술의 '미니
멀리즘'을 견인한 것이다.

건축의 모더니즘과 미니멀리즘, 그 개념은 빛
나고 높으나 거주하는 사람의 일상생활이 간
과되었다. 1951년 주택이 완공된 후, 건축가
미스 반데어로에와 설계를 의뢰한 집주인 판
즈워스 간의 소송 이야기가 유명하다. 지금
은 뮤지엄으로 활용되며 미국의 역사적 경관
건축으로 등재되어 있다.

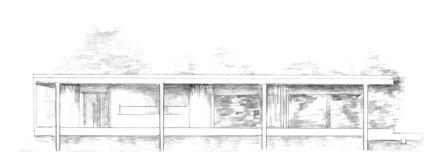

로스하우스

건축가 아돌프 로스의 1908년 작업이다. 장소는 합스부르크 왕가의 500년 근거지 빈. 21세기 시각으로도 전혀 진부하지 않은 외관을 가졌다. 일체의 장식이 배제된 우스꽝스러운 건축이 빈의 경관을 해친다며 황제 프란츠 요제프는 이 건물 앞을 지나가지도 않았다는 일화가 전한다. 모더니즘은 이렇게 발아되었다. "건축에서 기능으로 아무런 역할을 하지 못하는 장식은 범죄다." 아돌프 로스의 말이다. 이런 선구자가 만든 작은 길이 20세기 모더니즘이란 대변혁의 물꼬를 텄다.

8평 집의 로망

나는 8평 주택에 살 것이다. 크기가 작아도 그 안에 욕실과 주방 그리고 내 공간이 있어야 한다. 가끔 두어 명 친구를 불러 음식을 담은 접시와 술잔도 얹어야 할 테니 조그만 테이블도 있어야 하고, 벽에 기대어 발 뻗고 책을 읽거나 세상 게으르게 뒤척거리려면 바닥도 몇 뼘 필요하다. 최소한으로 6평으로도 위의 소원은 성취할 수 있겠으나 나는 조금 더 넓은 8평이 좋다. 4평도 떠올려보았지만 너무 고답적이고 엄숙하다. 기도와 명상만으로 수도사처럼 산다면 4평도 되겠다만. 4평 공간의 아주 유명한 집들이 있다. 프랑스 남부 지중해변 카프마르탱^{르코르뷔지에의 말년 안착지}의 르코르뷔지에의 작은 집, 보스턴 월든 호숫가 데이비드 소로의 집 말이다. 이 유명한 작은 집 때문인지 4평 작은 집에 대한 로망을 가진 사람이 많다. 나는 이런 분들에게 로망은 로망으로만 간직하라고 이야기한다. 4평 주택은 지나치다. 아무리 그 집에서 사포^{고대 그리스의 서정 시인}를 연모하더라도 벗은 나타나지 않을 것이고. 설령 4평 집을 장만하더라도 보통 사람들이 그 안에서 일상생활을 할 수 있을까 싶다. 소로는 월든 호숫가 집에서 딱 2년을 살았다. 집 짓기 전 월든의 신성한 숲에 큰 불을 낸 청년을 호숫가 이웃은 가까이하고 싶지 않았다. 건축가 르코르뷔지에는 4평 집에서 나와 카프마르탱 바닷가에서 수영 중 사망했다. 심장마비였다고 한다. 남프랑스의 여름은 아프리카 북단 사하라사막과도 다르지 않다. 르코르뷔지에의 4평 집은 8월 한 달 바닷가에서 수영하고 혼자 사용하는 공간이었을 뿐이다. 2016년 예술의전당에서 르코르뷔지에의 집 실내 공간을 실물 크기로 재현하여 전시를 했다. 관람한 분들이 많을 것이다. 친구는커녕 아내와도 함께 지낼 수 없는, 오직 여름 바캉스 한 철 수영을 좋아한 건축가가 햇빛을 피할 목적으로 마련한 바닷가 그늘집. 많은 사람들이 르코르뷔지에의 4평 그늘집을 그가 '꿈의 궁전'이라 묘사했다는 설명까지 덧붙이며 '르코르뷔지에의 집'으로 소개한다. 그를 숭배하는 후학 중에 태연히 거장이 아내와 만년을 보낸 집이라 쓴 글도 있다. 이를 받아 글을 재생산한 언론과 건축의 호사가들이 부지기수다. 꿈의 궁전은 문장가로도 필명을 날렸던 르코르뷔지에의 수사에 불과하다. 온화한 지중해변이라 할지라도 겨울철 이 꿈의 궁전에서 일상생활을 하고 밤에 잔다는 것은 상상하기 힘들다. 2016년 유네스코는 거장의 4평 카바농^{작은 별장}을 인류문화유산으로 등재하였다. 세계의 문화유산은 이런 4평 건축도 있었다는, 요즈음 우후죽순 설치되는 한국의 농막을 보면 더욱이, 하나의 대표 사례일 뿐이다.

아무리 개념의 공간이라 할지라도 내 생활을 확보할 최소한의 공간은 필요하다. 그래서 나는 8평 집이다. 지금 나는 42평 집에 살고 있다. 12~13년 전 내 손으로, 즉 내촌목공소에서 지었다. 원래 목수들의 기숙사로 쓸 요량이었으나 집 뒤의 소나무 숲이 장관壯觀이어서 계획을 변경하여 내가 차지하였다. 기초공사를 다 마친 후에 거주 용도로 바꾸어 공간 분할과 동선이 고만 어정쩡한 집이 되었다. 그런데 사람은 다 그런가? 내가 지은 집이 세상에서 제일 편하다. 그뿐 아니다. 어떤 거장의 건축도 내 눈에는 내 집의 조형만 못하다.

사람이 이렇게 편파적인가? 그런데 해가 지날수록 점점 집 안에서 나의 동선이 아주 제한적이라는 것을 알게 되었다. 1층 서재는 오래 사용하지 않아 창고가 되었고 현관 앞의 방은 일 년에 두어 차례 내 친구들의 공간으로 쓴다. 가만히 보니 2층 방 하나와 욕실, 주방과 아일랜드 식탁이 집에서 내가 실제 점유하는 공간의 전부다. 대략 12평 정도다. 주방에서 음식을 장만하고 목공소를 찾아오는 모든 분들은 아일랜드 식탁에서 만난다. 주방은 내촌목공소의 접견실이 되었고 2층 침실은 책상과 책으로 그득하다. 현재 내 라이프스타일은 주상 복합 용도로도 평면 12평을 넘지 않는 것이다.

그런데 왜 8평 타령인가. 8평은 내 꿈이 혼재된 공간이다. 이렇게 선언을 하여 내 스스로 8평에 묶이려는 내재적 욕망이 담겼다. 12평에서 8평으로 주거 공간을 줄이면 내 생활양식도 이에 맞추어야 한다. 모든 것을 줄여야 할 것이다. 옷과 책은 너무 많고 가구는 너무 크다. 사람들과의 관계도 번다하다. 작은 공간, 작은 삶을 상상하면서 스스로 도취되기도 한다. 무언지 충실해지고 단단해져 산골의 밤에는 저기 익숙한 별과 대화도 주고받을 것이다. "너는 어디서 와서, 어디로 가느냐?" 외딴 곳에 머물며 묵언정진默言精進하는 수도자의 삶을 꿈꾸느냐고 묻지 마시라. 건축 시공자들이 가장 꺼리는 일은 소형주택을 짓는 일이지만 나는 집을 짓는 사람, 8평이든 10평이든 내게 집 짓는 일은 그렇게 큰일이 아니다. 단지 비경제적이며 효율이 극도로 떨어지는 작업 공정이다. 고층 건물이나 같은 평형의 아파트를 짓는 것과 비교해보면 된다. 그러면서도 강원도뿐 아니라 서울, 제주도, 지리산의 길 끊어진 곳까지 쉬지 않고 독채를 지었으니, 내 8평 집은 작은 짬에도 가능하다는 소리다. 그리고 목공소에서 집을 지어 현장에 옮길 수 있는 최대 크기가 8평이다. 한국 어디든, 유럽 혹은 오스트레일리아, 미국이라도 8평 집은 이동이 가능하다. 세계의 도로 규격, 터널 높이, 운송하는 트레일러의 사이즈가 동일하기 때문에 스위스에서 만들건 네덜란드 혹은 한국에서든 8평이 최대 크기다. 화물을 적재해 국제 간 운송하는 용기, 즉 콘테이너의 크기다. 집을 지어 화물 수송하듯 현장에 옮겨두면 되니 콘테이너 하우스, 모빌 하우스라고도 부른다. 무엇보다 목공소 마당에서 집을 만드니 현장에서 완성한 어느 건축보다도 우수한 품질의 작업이 가능하다. 건축 현장의 여름, 겨울. 한여름 지붕에서 못질, 콘크리트도 굳지 않는 겨울 공사는 그야말로 극한 작업이다. 그러니 현장에서 건축의 디테일, 마감, 품질을 설계 도면에 맞추기란 예삿일이 아니다.

인간이 움집을 지어 살아온 이래 집 짓기는 줄곧 목수의 독점적 위치에 있었다. 어떤 군주나 교황, 대부호도 지어진 궁전과 저택에 들어가 살 수밖에 없었다. 스웨덴의 이케아, 일본의 무인양품도 집 짓기 비즈니스를 하는데 스웨덴에서, 그리고 일본 내에서만 한다. 몇 가지 타입에다 규격화된 건축자재를 조립한 집인데도 그러하다. 자동차나 옷, 가방 등 상품을 살 때와 달리 집은 지어진 장소에만 들어가야 한다. 그런데 1900년 미국 시카고에서 집에 관한 일대 사건이 있었다. 19세기의 마지막 해 시카고의 백화점 시어즈 로벅 Sears Roebuck 1886년 창업한 20

세기를 통털어 미국 최대의 백화점이 집 광고를 했는데 미리 지어진 집을 소비자의 집터에 옮겨놓는 방식이었다. 디트로이트에서 포드가 컨베이어 시스템으로 자동차를 생산하기도 전에 백화점에서 집 배송을 시작한 것이다. "일상 소비재 제품을 사듯 집도 같은 방식으로 시어즈 로벅에서 구매하시라." 내 장소로 옮길 수 있는 집은 이렇게 탄생했다. 지금 이런 형태의 집 디자인에 세계의 건축가, 디자이너들이 도전하고 있다. 스위스, 독일, 네덜란드 등 특히 유럽에서 아방가르드 작업의 컨테이너 타입 하우스가 눈길을 끈다. 스위스에서는 알프스 가파른 벼랑에다 미리 지은 집을 헬기로 옮겨놓는다. 어떤 수준으로 세계 어디에서 지어졌건 이제 집들을 한 장소에서 서로 비교해볼 수 있게 되었다. 한국의 모델하우스 전시장에서 어느 한 주택 건설사의 집만을 볼 수 있었던 것과 비교하면 놀라운 세태다.

적지 않은 시간을 바쳐 내촌목공소도 배송 가능한 집을 완성했다. 프로젝트를 위하여 국내와 프랑스의 건축가, 목수, 독일 제재소와 페인트업체, 스위스 유리 엔지니어링, 오스트리아의 하드웨어 공급자가 함께했다. 내촌CELL이다. 8평, 6평, 4평형으로 모두 배송되는 집이다. 100년 전 시카고 백화점의 발상에 큰 빚을 졌다. 작은 집은 안채도, 사랑채도, 수도원 같은 명상의 공간도 될 수 있다. 목재 구조의 집 내부를 둘러보고 어느 분이 집의 수명을 묻는다. "부석사 무량수전보다 잘 지었습니다"라고 대답했다. 이제 영국, 스위스, 네덜란드에서 지은 세계의 집들과 같은 전시장에서 품질을 비교할 수 있게 되었다.

명품 라인을 운영하는 기업에서 내촌CELL을 세상에다 '안티 에이징 하우스'로 알리자며 협업을 제안했다. 아무리 정성 다한 건축이고 잘 지은 목재 구조 집이라 자부하지만 어찌 흐르는 세월을 막을 것인가. 힐링 하우스는 분명하다.

이런 이유들로 나는 곧 8평 집으로 들어간다. 42평 공간을 12평으로 줄여 살았는데 8평 앞에는 묘하게 두근거린다. 공간이 억제하는 새로운 삶일까? 그동안 내 어설펐던 요리를 두고 오갔던 뭇사람들과의 온갖 고담준론高談峻論과도 작별이다. 내 솜씨를 펼치기에 8평 집의 주방은 턱없이 작다.

내촌CELL

건축 현장 공정의 비효율성을 배제하고자 내
촌목공소 내, 앞마당 작업장에서 짓는 '목조
건축' 모빌 하우스다. 목공소에서 지은 집을
현장에 옮겨 설치하면 건축이 완성된다. 내촌
목공소에서 개발한 목재 구조 건축으로 실내
유기화합물 배출 제로의 주택이 탄생하였다.
8평, 6평, 4평 면적의 모델이 있으며 완전한
'주거용 집'과 '명상실', '서재' 세 타입이 있다.

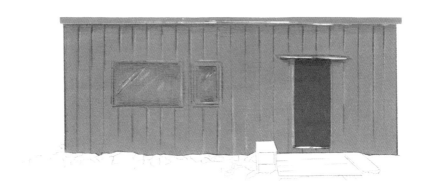

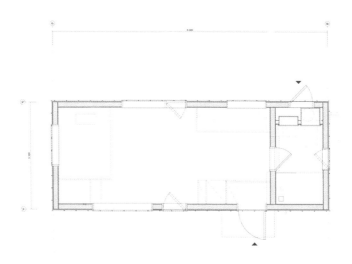

시어즈 로벅의 집 광고

시어즈 로벅은 시카고에 있던, 한때 미국의 최대 백화점 그룹이었다. 오대호와 미시시피 강을 끼고 있는 시카고는 미국 중서부의 가장 큰 도시였다. 시카고의 고층 건축 그리고 오헤어 공항의 크기를 보고 받았던 충격이 지금도 생생하다.

미국 중부, 서부 지역 건축업자는 시카고 지역의 제재소들이 생산한 경량 목재로 목구조 집을 지었다. 1900년부터 시어즈 로벅은 집 전체를 키트로도 판매를 했는데 그 당시의 집들이 지금도 건재하다. 집의 스타일은 조지안 스타일, 미국에서는 식민지 양식이라고 이른다.

BUILT BY OUR CUSTOMERS AT A BIG SAVING

SEARS, ROEBUCK AND CO., CHICAGO ILLINOIS

어머니의 집

작은 나라 스위스의 집들을 스치고 지날 때마다 대체로 크고 터에 단단히 서 있다는 인상을 받는다. 반면에 유럽의 오랜 도시들, 그림엽서 풍경으로 보았던 붉고 누런 지붕의 베니스, 피렌체, 리용의 닥지닥지 붙어 있는 집들은 정다우나 참 옹색하다는 느낌도 든다. 지나치는 차도 드문 산길, 양 떼와 목초지 건초 더미 옆으로 육중한 티롤풍 판잣집. 곡물 창고와 주거를 겸하는 건물일까? 취리히 은행 거리의 아파트도, 사방 유리 벽 바젤의 전시장까지 스위스 건축은 제각기 다른 형태로나마 어떤 견고함이 보인다.

나는 무언가 유달리 견고함을 띠는 이 특질을 스위스성^{Swissness}으로 읽는다. 스위스 정신의 바탕은 무엇일까. 스위스의 집 이야기에서 나는 아주 영향력 있는 어머니 두 분을 만났다. 어머니의 자식은 그들 어머니를 위한 집을 지었다. 한 아들은 어머니 사후에 취리히 호숫가에, 한 아들은 어머니가 살아 있을 때 레만호 바라보이는 길가에 집을 지었다. 두 어머니는 사회적으로 큰 활동을 한 것 같지 않다. 행여나 객지에서 집 찾아온 아들 위해 오븐에 빵 굽고 우유 데워 오는 그 시절 보통 어머니였다. 세상에 어느 어머니 이와 다를까만 두 아들이 달랐다. 취리히 호숫가 집을 지은 아들은 정신분석학자 카를 융, 레만호 작은 어머니 집은 건축가 르코르뷔지에의 작업이다.

내 젊은 날의 뜨거움이 식었는가. 그렇게 부럽던 스위스의 시계, 초콜릿과 커피, 취리히 공항도 이제는 '그렇지, 그때는 그 러했지'라며 고개 약간 끄덕일 뿐이다. 하지만 스위스 태생 두 아들이 만든 어머니의 집은 또렷한 형상으로 나에게 자리 잡 고 있다. 졸본성으로 달아나는 주몽에게는 어머니 유화부인 이 있었고 한석봉의 떡 썰던 어머니와 율곡의 어머니 신사임당 은 신화로, 이야기로 전해올 뿐이나 카를 융의 돌탑 집, 르코 르뷔지에의 어머니 집은 건축가, 건축학도, 또 보통 여행객에 게까지 세계 건축 순례지의 주요 리스트 중 하나다.

카를 융은 어머니 탐구에 일생을 바쳤고 르코르뷔지에는 어 머니의 작은 집^{Une Petit Maison}을 책 〈작은 집〉^{열화당 출간}으로도 출판했다. 강원도 산속에서 내 살 집만 벌써 몇 번째 짓고 있 는 사람은 회한으로, 부러움으로 스위스 호숫가의 어머니 집 을 찾는다. 취리히에서 출발하면 카를 융의 타워가 있는 볼링 겐은 금방이다. 호수를 끼고 다보스 방향이다. 카를 융은 구 약성경의 요셉처럼 꿈을 해석하던 사람이었다. 천사와 씨름을 했다는 야곱의 막내아들 요셉은 파라오의 꿈을 해석하고 이 집트의 총리가 된 사람. 요셉의 먼 유대계 후손 카를 융은 제1

차 세계대전 발발을 꿈에서 보았다. 프로이트와 결별하기 전에도 꿈을 꾸었다고 한다. 카를 융의 아버지는 개신교 목사였으나 어머니는 어떻게 보아도 접신한 무당과 다를 바 없는 사람이었다고 한다. 어머니는 늘 귀신을 보고 사람을 만나면 예언을 했다. 융은 그런 어머니 밑에서 자랐고 본인도 어머니와 크게 다르지 않았다.

그는 어머니가 돌아가신 다음 해부터 볼링겐 수도원 땅 호숫가에 집 짓기를 시작했다. 1955년 융은 처가 죽은 해까지 집 공사를 하였고 직접 정돌을 쪼고 다듬는 쇠로 만든 연장과 자귀나무를 깎아 다듬는 연장를 쥐고 돌을 쪼았고 벽을 쌓았다. 기록을 보니 1923년 엉성한 뾰족탑 석조 건축 하나를 완성하였고, 살면서 32년간 집을 지었다고 한다. 아프리카 가나를 여행하며 원시 건축의 기운을 받고 그 형태를 본떠 돌집을 지었다. 인근 채석장의 사암sandstone을 호수로 실어 와 벽을 쌓았다. 1990년대 초 내가 갔던 날 취리히 호수는 꽁꽁 얼어 요트 한 척 보이지 않았다. 안내자도 없었고, 집 내부도 볼 수 없었다. 돌을 배로 날랐다는데 호수는 얼어 있었다. 깊은 1월 눈발 날리는 날이었다.

융은 이 집과 관련해 많은 글을 남겼다. 그가 지은 돌집에서 그는 모성을 찾았으며 어머니 자궁 안의 어린이가 되었노라고 고백했다. 이 집에서 그는 여러 저술을 남겼고 정신분석학 연구에 전념할 수 있었다. 네 개 작은 탑을 가진 집과 도로 사이에 전나무가 짙게 가려 지나치기 쉬운 집이다. 볼링겐 타워 Bollingen Tower라 부른다.

르코르뷔지에의 어머니 집은 로잔에서 레만호를 오른편에 두고 동쪽이다. 꼭 작은 차로 가시도록. 시간이 넉넉하면 기차 여행이 좋다. 한적한 주택가는 주차가 어렵기 때문이다. 브베역에 내려 걸어서 잠깐이면 다다른다. 봄, 여름에만 내부를 볼 수 있다. 어머니의 집은 1923년부터 1924년에 걸쳐 건축한 집이다. 담장도 집 외벽도 온통 하얀 집은 지나는 사람 누구에게나 "나 르코르뷔지에예요"라며 말을 걸어온다. 1990년대에는 르코르뷔지에 박물관으로 모습을 바꾸기 전이어서 집 군데군데 내부는 세월의 흔적이 역력했다. 르코르뷔지에는 1920년대에 집도 기계여야 한다고 설파했고 그의 주장을 18평 어머니의 집에 고스란히 담았다. 레만호를 바라보는 가로로 긴 전면 창, 지붕 위에 만든 정원은 100년 세월이 지났지만 지금까지 후대 건축가들 영감의 원천 역할을 한다. 나는 지금 내촌목공소 전시장에 칠을 하며 르코르뷔지에 어머니 집의 내부 벽 색깔을 다시 살펴보고 있다.

어머니의 집은 크나큰 집이다. 일생 르코르뷔지에의 스튜디오에서 일했던 앙드레 보켄스키는 그의 책 〈르코르뷔지에의 손〉에서 "어떻게 그렇게 잘 그리고 잘 만들 수 있습니까?"라며 르코르뷔지에에게 물으니, 건축가는 대답하기를 "모두 우리 어머니에게 배웠소"라고 한다.

팬데믹이 물러나지 않아 다시는 스위스 여행을 할 수 없게 된다면 젊은 날 내 입을 다물지 못하게 했던 취리히 공항 구석구석의 디테일, 장 누벨이 설계한 지붕 날아가는 루체른 호숫가의 문화센터, 칼뱅의 제네바 교회 나무 의자, 바젤의 바이엘라 뮤지엄이 아니라 스위스 호숫가의 두 어머니 집을 나는 오래 생각하리라. 카를 융과 르코르뷔지에, 어머니와 살고 어머니를 품고 살았던 자들이 무언들 대충 하지는 않았다. 집에는 어머니가 늘 살아 계신다. 집은 어머니다.

르코르뷔지에의 어머니의 집

제네바 호수를 남쪽으로 면한 스위스 코르소에 있는, 르코르뷔지에가 부모님을 위해 설계한 집이다. 하얀색의 긴 직사각형 집은 대번에 그의 작업이라 소리친다. 1919년 건축을 시작하여 1924년 크리스마스이브에 입주했다고 한다. 건축가의 저서 〈건축을 향하여〉 출간이 1923년 이니 이 집은 모더니즘 건축 출발의 귀중한 증거다. 건축가의 어머니는 아들이 디자인한 집에서 37년을 살다가 101세에 타계하셨다. 채 20평도 되지 않는 어머니의 집은 2016년 유네스코 세계문화유산에 등재되었다. 사람이 살지 않아 황량하던 집은 2010년부터 건축 전문 뮤지엄으로 개장하여 내부 관람이 가능하다. 좁은 뜰에 우람한 오동나무가, 실내 벽에는 새로 칠한 르코르뷔지에의 파스텔 색상이 눈을 활짝 뜨게 한다.

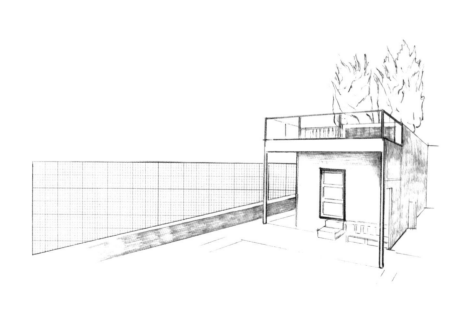

카를 융의 볼링겐 타워

취리히 호수 북쪽 볼링겐 마을 물가에 면하여 카를 융은 타워 넷으로 구성된 돌집을 지었다. 마을 이름을 따라 볼링겐 타워다. 정신분석학자는 손수 석공 일도 했다. 카를 융의 목소리를 옮기면 "1923년 어머니가 돌아가신 두 달 후부터 돌집을 짓기 시작하여 12년에 걸쳐 타워 넷을 올렸다. 아프리카 원시 모습의 원주민 마을의 둥근 오두막. 중앙에는 불을 피우고 돌로 경계를 만들어 바깥쪽에 둘러가며 서 있는 집들에서 나는 영혼의 안식을 찾을 수 있었다. 돌을 다듬고 나르며 집을 짓는 행위는 더할 바 없이 만족스러웠고 정신도 집중할 수 있었다. 1923년 첫 번째 타워를 완성하고 그 돌 오두막집 안에 머물 때 내 어머니의 자궁 안에 있는 듯 편안함을 느꼈다. 돌 오두막집에는 신이 찾아왔으며 나는 우주를 만났다."

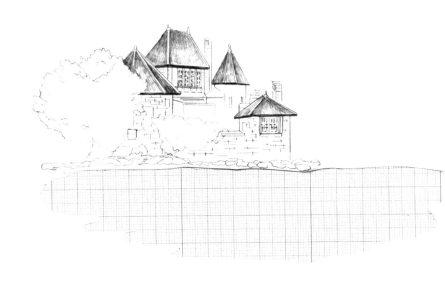

콘크리트 박스 안에서

2020년 통계에 의하면 대한민국 전체 세대 중 51.1%가 아파트에 산다. 단독주택 주거자가 21% 정도이니 빌라, 연립주택, 복합 상가, 오피스텔을 포함하면 아마 70% 이상의 한국인이 콘크리트 박스에 거주하는 셈이다. 콘크리트 건축은 온전히 우리의 일상이 되었다. 흥미롭게도 1960년대 초까지 한국인의 60%가 목재 구조의 집에 살았다. 지붕이 기와이거나 양철 지붕이든 혹은 슬레이트든 목재 구조 집이 대부분이었다. 그러니 한 세대 남짓 만에 콘크리트 아파트가 한국인 주거의 표준이 된 것이다.

한 지상파 방송사의 연출자가 전해준 이야기다. 국내의 영향력 있는 건축가들의 집을 소개하는 프로그램을 기획했다고 한다. 건축가의 라이프스타일을 주제로 한 방송 작가가 10회, 20회 시리즈물을 구상했다. 그런데 접촉한 유명 건축가들은 하나같이 아파트에 살고 있었다. 원래 구상하던 프로그램의 방향과 현실의 괴리가 커서 더 진행할 수 없었노라고.

프랑스 사회지리학자 발레리 줄레조는 2005년 책 〈아파트 공화국〉을 한국에서 출간했다. 책 제목의 공화국은 대한민국이다. 줄레조의 나라 프랑스 파리 도심에는 근대적 개념의 아파트가 19세기 중엽부터 본격 건축되었다. 아파트 건축만을 놓고 이야기를 한다면 프랑스와 대한민국은 같은 뿌리를 가졌다. 건축사가들은 현재 대한민국 아파트는 20세기 초 프랑스 마르세유에 출현한 고층 아파트 건축의 후예라고 설명한다.

20세기 모더니즘 건축에 앞장섰던 건축가 르코르뷔지에, 그가 디자인한 유니테 다비타시옹이 제2차 세계대전 후 마르세유에 건설되었다. 르코르뷔지에는 스위스 태생의 프랑스 건축가로, 건축 이력의 대부분을 파리에서 쌓았다. 2016년 유네스코는 유럽, 아시아, 아메리카대륙에 산재한 르코르뷔지에의 열일곱 개의 건축 작업을 세계문화유산으로 지정하였다. 마르세유의 아파트 유니테 다비타시옹도 포함되었다.

나와 도쿄를 여행한 친구들은 알고 있다. 나는 매번 도쿄 첫 번째 일정으로 우에노 공원에 있는 서양미술관으로 향한다. 도쿄의 서양미술관은 르코르뷔지에가 일본에서 디자인한 유일한 건축이다. 어느 해 전시 일정에 관한 아무런 정보 없이 서양미술관을 지나치다가 카라바지오전을 마주친 적도 있었다. 바로크 시대의 대표 화가의 전시, 이탈리아에서도 보기 힘든 규모의 놀라운 전시회였다. 이런 경우는 횡재라 할 만하다. 그러나 나는 공원의 건축물, 서양미술관을 보러 그곳에

갔다. 1960년 완공한 콘크리트 건축, 평지붕의 서양미술관도 유네스코 세계문화유산으로 지정된 르코르뷔지에 작품이다.

그런데 세계문화유산 유니테 다비타시옹은 마르세유 지역사회에서 몹시 난처한 상황에 처해 있다. 자유, 평등, 박애의 프랑스 정신 후손들이 아파트라는 공동 주거 단지를 외면하는 것이다. 옥상의 김나지움, 아파트 중간에 위치한 상점과 카페, 입구의 세탁장. 르코르뷔지에의 철학을 성취한 유니테 다비타시옹. 스위스 산골에서 파리로 온 건축가는 정신뿐 아니라 그의 세포 하나하나에 이르기까지 반ᠺ전통을 철갑으로 무장한 작가요 전사였다. "집은 살기 위한 기계다." 르코르뷔지에의 이 과격한 선언은 평생토록 본인 작업의 바탕이 되었다. 모더니즘이다.

프랑스의 보통 사람들에게 사랑받지 못한 아파트 유니테 다비타시옹은 자연히 경제적 취약 계층과 제3세계 이민자들의 주거지역으로 전락했다. 아파트의 이런 역사 사회적 바탕에서 프랑스 학자 줄레조는 대한민국 아파트의 현상을 파악했다. 아파트 개발의 역사, 아파트 유형과 모습, 아파트 투기와 정부 개입, 아파트를 통한 한국인의 생활양식……

이 책을 추천한 저자의 스승 장 로베르 피트^{파리 4대학교 소르본의 총장}

의 추천사가 눈에 띄었다. "다른 누구보다도 한국의 도시를 비웃는 프랑스인들은 자신들의 잔혹한 거울인 이 책을 읽어야 한다. 이 책은 건축가, 도시계획가, 지식인, 정책 결정자들뿐 아니라 좀 더 인간적인 도시 공간을 꿈꾸는 모든 사람들에게 우리가 창조해낸 대단지 아파트에 대해 몹시 껄끄러운 반성의 기회를 제공하고 있다."

프랑스 지식인의 대한민국 아파트 문화와 거주 환경에 대한 혹평에 나는 조금도 뜨끔하지 않다. 한국 건축계에서, 사회학자, 환경주의자들이, 소위 지식인 그룹에서 우리 대부분의 주거 양식인 아파트의 반사회적·문화적 문제를 지적해온 것은 어제오늘의 일이 아니지 않은가. "아파트 주거로 한국의 전통문화 미풍양속이 해체되었다. 이웃이, 공동체가 사라졌다. 아파트가 극도의 개인주의의 주범이다."

일찌감치 평론가 김현은 "알고 보니 아파트는 살 데가 아니더라"고 일갈하였다. 1978년의 일이다. 그는 마치 한국 사회의 갈등과 분열, 크고 작은 온갖 사회문제는 아파트 주거에 원인이 있는 듯 몰아붙였다. 김현의 지적 이후 40년이 흐른 21세기 지금도 한국 사회에서 아파트 문화와 환경에 대한 가혹한 평가는 달라지지 않았다. 콘크리트 박스, 이웃의 부재, 폐쇄성,

공동체 의식 결여……. 우리 아파트 주거 환경에 아쉬운 점이 한두 가지가 아니다. 같은 공간에서 사노라면 온갖 문제가 대두하는 것은 당연지사. 부모 형제 자식과 갈등이 있다. 가족 간 문제가 심각하지 집 밖의 타인과 무어 그리 항상 큰일이 있는가. 문제를 피해가자는 게 아니다.

아파트를 이루는 물질 콘크리트. 콘크리트는 로마 시대 이탈리아반도에서 화산재를 이용하여 건축의 연결 부위에 사용했던 재료다. 그런데 이집트 메소포타미아 지역에서 이미 시멘트 콘크리트를 사용한 고대 유적이 발굴되고 있으니 로마 문명 이전부터 전해오던 건축 문화유산임이 분명하다. 시멘트 콘크리트는 콜로세움과 판테온에도 사용되었다. 20세기 대부분 기간 지상 최고층 건물이었던 뉴욕 엠파이어 스테이트 빌딩도 콘크리트 건축이다. 건축가 르코르뷔지에가 대담하게 아파트 주거 단지 계획안을 프랑스 정부에 제안한 것은 콘크리트로 고층 건축이 가능했기 때문이다.

나는 줄레조 교수와 그의 스승 피트 총장과 우리 사회 각계 선구적 지식인들의 대한민국 근현대사에 대한 협량한 이해를 지적하고자 한다. 대한민국의 아파트 현상은 한국동란과 산업화로, 세계사에 유례없는 도시 집중으로 발생한 주택 문제였다. 그야말로 도시화 현상의 폭발 앞에서 고도성장에 막 진입하려던 대한민국에 어떤 방도가 있었을까? 지금 목격하는 뱅갈루루, 보고타, 미얀마의 도시 풍경은 1960년대 서울 청계천 변, 1970년대 부산의 산허리 마을 모습과 다르지 않다. 불과 언제 적인데 벌써 잊었는가?

줄레조 교수는 한국에 오면 서울 종암동의 찜질방에도 들르는 지한파 인사라고 들었다(그는 종암동 소재 대학에서 학위를 받았다고 본인을 소개했다). 도시와 주거의 문제는 그 사회의 역사와 맥락에 대한 이해 없이 일단의 통계 수치로 비교 평가할 주제가 아니다. 2022년 서울, 파리, 시애틀, 오슬로, 뉴델리 도시를 비교하거나 또는 국가별 주거 환경과 삶의 질을 절대 비교하는 것은 터무니없어 보인다. 객관적 통계만으로 주거 환경, 삶의 높낮이, 정신의 가치를 판단할 수는 없다.

19세기 중반 파리 도심을 현미경처럼 들여다보며 쓴 보들레르의 시집 〈파리의 우울 Le Spleen de Paris〉도 온통 회색빛이다. 파리지엔 시인이 묘사한 파리의 모습은 온통 회한, 분노, 불행, 매음…… 시인의 파리는 21세기 마르세유에서 재현되고 있다. 넷플렉스 시리즈물 〈마르세유〉를 보아도 주거 환경과 인간의 탐욕, 질투, 시기가 꼭 일치하지는 않는다.

1930년은 건축가 르코르뷔지에가 고층 아파트와 빌딩으로 구성된 '빛나는 도시'를 제안한 해다. 프랑스 도시 주택 문제를 고려한 건축가의 신도시 건설 제안은 위대한 햇살이 포도주를 익히는 복 받은 갈리아인 _{기원전 5세기경부터 1000년 동안 프랑스와 벨기에 등지에 살던 켈트족}의 땅뿐 아니라 서구 사회 어디에서도 제대로 자리잡지 못했다.

르코르뷔지에가 꿈꾼 '빛나는 도시'는 100년 후 대한민국에서 아파트로 완성되었다. 대한민국 아파트 주거가 만드는 새로운 사람살이와 질서는 이를 우려하는 건축가, 사회학자, 언론인, 소위 전문가들 사유의 범위를 훌쩍 뛰어넘는다. 아파트 공화국 대한민국의 어느 도시를 마르세유, 파리, 브라질리아의 범죄율과 비교해보라. 아파트 공화국 대한민국의 의료 위생 지표, 범죄율, 문맹률을 선진 어느 OECD 국가와도 비교해보라. 보건 위생도 함께. 세계 최고의 아파트 공화국은 전에 없던 바이러스 팬데믹 상황에서도 공동체 삶의 교양과 질서를 지켰다.

스위스 출신 젊은 건축가는 언덕 위의 파르테논 앞에서 감동에 겨워 전율하며 '빛나는'이라는 수식어를 사용하며 탄복했다. 돗수 높은 안경을 통해 르코르뷔지에가 지금 한국의 아파트를 보면 '다 이루었다'고 감탄할 것이고 '세상에나' 한마디 더 붙일 것이라 믿는다. 100년 전 모더니즘의 선구자가 프랑스에서 주창한 고층 주거 '빛나는 도시'는 21세기 대한민국 곳곳에서 촘촘하게 빛난다.

유니테 다비타시옹

1945년 제2차 세계대전 복구 프로젝트로 기획된 건축이다. 서민을 위한 집합 주거 주택을 르코르뷔지에가 설계했다. 콘크리트를 그대로 노출시켰다. 외부에서 보이는 베란다의 빨강, 노랑, 파랑 색깔이 몹시 인상적이다. 준공된 지 70년이 넘었으니 한국 기준으로는 몇 번을 헐고 재건축을 해야 할 터이나 외관이 우뚝하고 조금도 초라한 빛을 띠지 않는다. 단지 마르세유의 서민 주거지역 풍경이라 짐작은 되지만, 원래 기획이 그러지 않았던가? 르코르뷔지에의 고층 집합 주거 건물은 프랑스를 떠나서 세계 메가시티의 새로운 풍경이 되었다. 두바이, 싱가포르, 홍콩, 상하이, 도쿄, 그리고 부산과 서울. 전쟁의 폐허에서 이런 건축을 기획한 프랑스 정부, 새로운 세상을 꿈꾸어온 건축가에 경의를 보낸다. 서민을 위한 주거 정책 프로젝트, 해비타트 운동이었다.

2

집을 보다

정직하고 사심 없는

죽서루 검은 대나무 오죽 烏竹 찾아갔다가 삼척시 뒷골목 주택가를 보았다. 마치 지난 세기 1960~1970년대 영화 세트장 같은, 그새 내가 타임머신을 탔나 싶은 광경이다. 붉은 벽돌집, 슬래브 이층집, 담장의 덩굴장미와 초록색 철문. 정답고 아름답다. 우리 이렇게 살았는데……. 참 오랜만에 '집'을 만났다.

삿포로에서 기차를 타고 북으로 북으로 300리, 아사히카와 가는 길, 기찻길 옆으로 홋카이도의 함석집, 양철집이 눈에 들어왔다. 군데군데 녹슨 양철 지붕이 하염없는 겨울 눈을 어찌 견딜까? 일본 전역에는 유달리 함석집이 많다. 허연 아연을 입힌 철판, 홈통을 만들거나 접어 환기구를 만드는 데 쓰는, 아쉬운 대로 지붕으로 올리고, 벽체에 붙이기도 하는 그 갈치 비늘 광택만큼이나 저렴한 건축재. 어떤 이들에게는 상상하기도 싫은 배고픔과 추위에 떨었던 시절을 불러낼 수도 있겠다. 청계천 변에, 부산의 산허리 동네에, 북에서 내려왔건 남도에서 올라왔건 실향민 모여 사는 곳에는 함석집이 즐비했다. 일본의 함석집, 스위스 산간 지역에서 드물게 보이던 함석집을 보며 사람 사는 것 그리 다르지 않다는 생각을 했다. 흔하디 흔하던 일본의 함석집이 이제 홋카이도에서만 듬성듬성 보인다. 지금 일본의 대도시 도쿄, 오사카, 나고야, 후쿠오카는 재건축으로 도심이 탈바꿈되어 지역적 구별도, 특색도 거의 사라졌다. 1980년대 초 일본의 대도시에는 고층 건물이 별로 눈에 띄지 않았고 뒷골목에는 숱한 함석집과 판잣집이 즐비했다. 가장 번화하다는 도쿄의 긴자도 그러했다. 함석집에는 가난의 함의가 담겨 있다. 한국전쟁 후 주로 실향민들이 모여 살던 도심 주변, 산등성, 개천가의 함석집들. 이제는 영화 속 장면에도 거의 보이지 않는다. 여기 나의 우직한 강원도 산골 마을에도 함석 지붕이 사라졌다. 함석집의 서정. 가난의 기억. 함석집 풍경만으로 홋카이도 기찻길 여행은 아련하였다.

몇 해 전 팬데믹 역병 시작 전에 구이저우貴州를 다녀왔다. 소수민족 거주지, 온통 깊은 산악 지대에 옹기종기 터를 잡은 마을의 집들은 모두 판잣집이었다. 대개 오지奧地에서는 그 지역에서 가장 구하기 쉬운 자재로 집을 짓는다. 일본, 미국 중부, 중부 유럽의 나라들, 핀란드, 스위스의 티롤 등지에는 나무집, 목구조 건축의 옛 모습이 아직 또렷이 남아 있는 곳이 많다. 숲이 무성하고 깊은 산간 지역이다.

소수민족 마을이라고 하면 얼핏 문명에서 비켜간 원시적 풍속을 간직하며 생활하는 집단이라 생각하기 쉽다. 문명은 무엇이며 원시는 무엇일까. 구이저우성 수족, 장족, 태족 소수민족 마을의 고상형高床形 습기나 한기를 피하기 위해 지면에서 거리를 띄워 짓는 건축 나무 집은 앞선 문명국 일본, 핀란드, 스위스의 전통 건축에 비하여 한 치도 모자라지 않았다. 아름다운 조형에 눈을 뗄 수 없었고 이 벽지僻地의 마을 공공장소와 건축에 남아 있는 300년 전의 글씨, 그림프레스코화, 조각, 의복은 눈부셨다. 누가 소수민족이라 했나. 채색 화려한 벽화와 건축, 의복에는 오지의 전통과 민족의 긍지가 단단히 영글어 있었다.

더 오래된 기억도 있다. 10여 년 전 태국의 치앙마이를 떠나던 날, 나를 초청한 소승불교 측의 몇 분을 외곽지의 호텔로 모셨다. 그들의 마음을 다한 후의厚意에 내 감사의 표시였으나 스님들은 그 지역에서 가장 최근에 들어선 호텔 리조트에 익숙지 않았던 것 같았다. 산등성이에 있는 야외 레스토랑 앞에 서너 뼘 골짜기로 다랑논이 놓여 있는 풍경은 그대로 그림이었다. 야윈 물소 하나 보이는 마을, 가파른 천수답天水畓의 녹색 벼, 그 빛, 세상 처음의 빛이 저러 했으리라. 눈매 가진 건축가는 저 다랑논을 놓치지 않았다. 열대 이모작 쌀농사로 사철 푸른 계단 논은 호텔 레스토랑에 앉은 자의 시선을 도무지 놓아주지 않았다.

적지 않은 시간이 흘렀으나 아직도 지워지지 않는 안타까운

풍경이 있다. 기자^{Giza}의 대피라미드는 팽개쳐져 있었다. 그뿐
인가, 카이로 오가는 길의 허술함이란. 그러나 라스베이거스
에 있는 가짜 스핑크스와 모조 베네치아를 생각하면 흙먼지
풀풀 날리는 이집트는 차라리 정답다. 아침이면 여실히 드러
나는 라스베이거스의 싸구려 건물과 거리 풍경. 지난밤 카퍼
필드는 현란한 마술로 내 눈을 가렸다. 실제로 라스베이거스
에는 스핑크스, 로마가 있고 베네치아 곤돌라도 당당히 떠다
닌다. 현대의 공간은 모두 라스베이거스다. 첨단 건축 이론으
로 무장한 건축가들도, 자가용 비행기로 대륙을 누비는 디자
이너도, 개발업자와 종합 건설업체의 영혼 없는 대량생산 주
문에 합세한다. 그들의 유혹하는 '아름다운' 집은 카메라의 피
사체로 인스타그램에만 있을 뿐이다.

건축의 오염은 도시, 교외, 산촌 구별이 없다. 강원도 평창과
용평뿐 아니라 제주도, 지리산 둘레길 어디서든 플라스틱 외
장재를 붙인 경량 주택이 순식간에 들어선다. 지금 대한민국
은 일인당 소득 3만 달러를 상회하는 나라다. 삼척시의 주택
가 집들은 많아야 500달러 소득 시대의 건축이다. 우리는 재
난을 맞아 재외 국민을 위해 중국, 유럽, 아프리카로 전세 항
공기를 성큼 보낼 형편도 되었지만 우리 형편에 걸맞은 집은

어디에 있는가. 1960~1970년대 가난했던 시절에도 못 미치는 경량 목재 주택과 번쩍이는 건축에 눈뜨기가 힘들다. 최근에는 불법 건축이 분명한 농막이 경관 수려한 야외, 산촌, 강가에 버젓이 등장하고 있다. 이를 특집으로 소개하는 언론, 방송이 있는가 하면 방송에는 건축가마저 시류에 합세한다. 집의 아름다움을 주제에 올리지 않는다. 집의 기능과 효율성만 남았다. 더 극단적으로 이 시대 대한민국의 집은 부동산 가격만으로 치환되었으니, 아름다움은 온데간데 없어졌다.

20세기 초 모더니즘의 주동자들은 "집은 인간이 머무는 기계이며 기능보다 우선하는 가치는 없다"며 목소리를 높였다. 기능이 형태를 만든다며 효율과 경제적 조건이 집의 꼴을 정했다. 이미 2000년 전 카이사르 군단의 건축 기사 비트로비우스는 "건축이란 견고해야 하며 쓸모 있어야 하고 아름다워야 한다"는 바래지 않는 글을 남겼다.(그는 고대 건축의 중요한 자료인 10권의 〈건축서〉를 지었다.) 이제 그 아름다움은 아테네 신전에서나 찾아야 한다. 서정적인 신화 이야기나 아름다움은 더 이상 모더니즘의 주제가 아니다. 오직 경제다. 집도 컨베이어 벨트에서 물건을 생산하듯 대량으로 찍어야 한다. 고층 아파트 대단지 지구 단위 계획. 개발업자나 건설업체의 목표는 당연히 이윤의 극대화. 벽도 마루도 천상, 주방 가구까지 모두 속이 빈 가짜 무늬로 덮는다. 번쩍거려 잠시 눈을 홀릴 뿐인 가구, 마루, 주방이 오래갈 리 만무하다. 이사를 하면 전부 뜯어내고 다시 인테리어 공사를 한다. 콘크리트로 집을 짓고도 20~30년 만에 재건축이다. 살고 있는 집이 안전하지 않다는 진단을 받았다며 축하 현수막을 내거는 사회. 그래서 슬픈 현대인들은 "오래된 것은 전부 아름답다"고 절규하면서 오랜 건축 유적, 유물을 찾아 나선다.

1970년대 지은 삼척의 주택, 홋카이도의 함석집, 구이저우성의 나무 집은 가난에서 나온 집이니 단열 완벽할 리 없을 터이고 마감의 어설픈 솜씨를 감추지 않았다. 그런데도 싱싱하다. 눈속임 무늬를 붙이지 않았다. 로댕의 글〈예술의 숲〉도, 움베르트 에코의 문장〈미의 역사〉도 아름다움은 선한 것이라며 미학 이야기를 시작한다. 선한 집은 정직하게 지었다. 정직한 집이 아름답다. 울지 마라, 가난한 집들아. 선하여 그대 하늘의 아름다움을 가졌으니.

구이저우 소수민족의 집

하루이틀 걸렸던 산길 협로가 고속철로 바뀌었다. 묘족, 포의족, 장족, 동족, 토가족. 구이저우성은 소수민족 마을도 얼마나 더 남아 있을지 가늠하기 힘들다. 구이저우성 오지, 소수민족 천년 마을의 집들은 전혀 초라하지 않았다. 산간 지역이니 임산자원이 풍부하였고 골짜기마다 수량이 넉넉했다. 삼나무 판잣집인데 일본 산간 지역의 전통 가옥과 비교하여도 규모가 작지 않았다. 또 놀라운 것은 중국 내륙의 소수민족의 집 양식이 일본 민가와 다르지 않다는 것. 삼나무 벨트가 만든 집이라고 해석할 수밖에 없었다.

일본 함석집

양철집이라고도 불렸다. 이제 우리나라 어디에서든 찾기가 힘들다. 그런데 함석판을 벽에, 지붕에 붙인 집이 일본에는 아직도 군데군데 남아 있다. 1980년대 초에는 도쿄 긴자에서도 1층, 2층 함석집이 흔하게 눈에 띄었다. 홋카이도에는 아직도 함석집이 건재하고 있었다. 그 많던 우리 함석집은 다 어디로 갔을까?

반 고흐의 오두막

별이 된 사람. 스태리 스태리 나이트^{Starry starry night}. "당신의 팔레트에 파랑과 흰색을 칠해보세요." 돈 매클린은 음악 공부에 열중하던 어느 가을 아침 「별이 빛나는 밤^{Starry Night 1889}」을 남긴 화가가 미친 사람이 아니었다는 생각이 퍼뜩 들더란다. 바로 곡을 만들었다. 매클린은 「별이 빛나는 밤」의 화폭에서 파랑 그리고 빛나는 흰 빛깔의 별을 보았다. 화가의 유명 그림 주조는 노랑, 아를에서 그가 살았던 집도 옐로 하우스로 알려졌다. 외벽이 노란색이었고 그림 속 화가의 침실도 내부가 온통 노란색이다. 옆으로 돌아가니 세계의 관광객들이 모이는 그 카페도 노란색으로 칠해져 있었다. 「밤의 카페 테라스^{Café Terrace at Night 1888}」의 카페다. 별도, 노란색도, 카페 그림도, 화가 반 고흐의 이야기다. 반 고흐, 폴 고갱이 죽을 때까지 '미친 네덜란드 녀석'이라 불렀던 사람. 마리오 바르가스 요사^{페루 작가,} ^{2010년 노벨 문학상 수상}의 소설 〈천국은 다른 곳에〉에 묘사된 폴 고갱의 생각과 독백이다.

나의 반 고흐는 어두운 실내에 겨우 매달린 등 아래 가족이 둘러앉아 식사를 하는 모습이다. 「감자 먹는 사람들^{The Potato Eaters 1885}」, 우표만 한 크기로 미술 교과서에 소개된 흑백사진이 내가 만난 첫 번째 반 고흐다. 초등학생 때였다. 20대 청년이 되어 뉴욕의 메트로폴리탄 뮤지엄에 처음 갔던 그 주말이 기억난다. 무엇 때문인지 그날 내가 입었던 청바지 상표도 잊지 않고 있다. 2층 작은 방 가득히 반 고흐, 그의 다른 그림들 앞에서 보며, 졸며, 흥분을 주체하지 못하며, 그 방에 반나절을 머물렀는데도 내 뇌리에는 캄캄한 실내의「감자 먹는 사람들」만 있었다. 훗날 암스테르담의 반 고흐 뮤지엄에서 등불아래 가족들의 표정과 천장과 벽에 빛이 어렴풋이 남아 있는 것도 보았다.

화가 반 고흐는 여러 모양의 집을 그렸다. 아를에서는 노란집, 테라스가 있는 카페, 그가 머물렀던 방, 생레미 요양원의 안팎, 그의 무덤이 있는 작은 마을 오베르쉬르우아즈, 고흐가 정신병원 퇴원 후 눈을 감기까지 머물었던 파리 근교 마을의 교회와 길거리의 집들. 밝은색으로 칠해진 집들이다. 화가가 초년에 완성한 집 그림들은 후일 신화로 수놓은 프랑스 시대(1874년 프랑스에서 미술상으로 일하다 2년 뒤 네덜란드로 갔다가 1886년 프랑스로 돌아온다) 다른 작품에 비해 세상의 주목에서 멀찌감치 벗어나 있지만, 나는 고흐의 네덜란드 시절 집 그림에서 눈을 떼지 못한다. 프랑스의 강렬한 태양을 만나기 전 북구의 쓸쓸한 빛이 스민 작업들이다.

지금 고흐가 옆에 있어 "어느 작품이 당신의 베스트인가요?" 라고 묻는다면 주저 없이 반 고흐는 대답할 것이다. "「감자 먹는 사람들」이오." 그의 누이 빌레미나에게 고흐가 보낸 편지에 밝힌 사실이다. 그는 고향 네덜란드 뉘넌의 농부 가족을 그렸다. 거기서 그들과 함께 살며 그린 집이 「반 고흐의 오두막집The Cottage 1885」「감자 먹는 사람들」과 같은 해의 작업이다. 반 고흐는 이 집을 겨울 굴뚝새의 둥지와 비교하며 '인간의 보금자리people's nest'라 표현했다. 1885년 동생 테오에게 보낸 편지의 대목이다. 네덜란드 개혁 교회의 목사가 되기를 원했던 신학생 반 고흐는 개혁 농부 화가로 다시 태어난 것이다.

화가는 척박한 농토, 농부들의 궁핍을 있는 모습 그대로 그렸다. 그가 마주한 진실을 표현하려고 했다. 농부들에 대한 깊은 연민, 길거리 몸을 파는 여인의 아이도 반 고흐는 마치 내 자식 돌보듯한 심성을 가진 인물이었다. 농부의 해진 신발, 감자를 먹는 농부 가족, 또 그들의 거친 집이 그의 시각에 들어왔다.

화가 반 고흐의 첫 유화 작업은 '집'이다. 1833년 「농부의 집Farmhous」과 「뗏집Turf Hut」을 그렸다. 이 농부의 집 그림을 구상하며 동생 테오에게 자세히 편지를 썼다. 남겨진 그의 글이 저지대 네덜란드 들판으로 우리를 초대한다. 드렌터^{네덜란드 북}^{동부 시골 마을} 벽지로 여행하며 벌판의 모습, 가죽이 뼈에 붙어버린 바짝 마른 소, 들풀 하나하나를 묘사하였다. 지나치며 만난 여인과 어린 딸의 옷매무새에서 화가는 가족의 초상初喪을 치르는 농가의 슬픈 색조를 본다. 참 온화한 예술가다. 인간과 사물 하나하나에 절절한 사랑을 가진 이가 노랑, 파랑, 흰색으로 해바라기, 밀밭, 사이프러스를 그린 것은 이 여행 후 4~5년 뒤의 작업이다. 작은 농부의 집 주위는 제대로 자라지 못한 너도밤나무, 포플러, 참나무가 서 있는 황량한 습지라고 화가는 기록하였다.

나는 잔디 뗏장을 지붕에 올린 집의 실물을 여태 유럽의 어느 지역에서도 본 적이 없다. 스칸디나비아^{스웨덴·노르웨이·덴마크·아이슬}^{란드}와 아일랜드에는 20세기 중반까지도 뗏장 지붕 집이 있었다는데 찾지 못했다. 1883년 고흐가 집을 그렸고 편지에서 자세히 묘사하여 짐작은 하겠으나 나의 여행길 어디에서도 잔디 뗏장 지붕 집은 실물로 남아 있지 않았다. 고흐의 설명으로 19세기 네덜란드 황량한 들판 드렌터(고흐가 습지였다고 기록한 것으로 미루어 간척지였을 거라 짐작한다)에는 농부들의 뗏장 지붕 집이 띄엄띄엄 있었다. 도시 출신 고흐도 처음 만난 풍경이었는가 보다. 나무를 벨 연장이 없고, 돌을 다듬을 수도 없었던 선사시대 어느 때부터 잔디 뗏장은 사람 손으로 흙에서 바로 뗄 수 있는 건축 재료였다. 열대, 온대, 극지, 지역마다 사람들이 집 짓기에 사용한 재료는 달랐지만 흙 뗏장 지붕 집은 최초 건축의 한 형태였으리라 추정할 수 있다. 이 방식으로 지은 집 풍경을 반 고흐는 그림과 글로 남겼다.

고흐의 농부의 집이 주는 이미지와 다르게 역사의 네덜란드는 건축과 도시 조성이 탁월한 나라다. 네덜란드 화가 요하너스 페르메이르의 몇 장 남지 않은 그림을 보자. 17세기 유럽의 화가들이 궁정의 인물과 모습, 교황, 추기경을 그릴 때 페르메이르는 상인, 직물 장수, 지리학자, 음악 레슨을 받는 아가씨, 열린 창문으로 편지를 읽는 여인을 그렸다. 그의 그림에서 나는 의복, 내부 장식, 가구, 바닥 문양, 그릇, 직물의 패턴, 네덜란드의 17세기를 본다.

네덜란드는 작은 나라가 아니었다. 스페인 합스부르크의 무적함대를 침몰시키고 인도네시아, 타이완, 일본까지 진출하는 기상 넘치는 국가였다. 페르메이르의 시대에 조선 산업의 패권은 지중해의 베네치아에서 북해 네덜란드로 완전히 넘어

왔다. 프랑스와 독일의 북쪽 바닷가의 저지대 작은 나라가 유럽 최고 산업 국가로 등장한 것이다. 17세기 발트해 연안과 독일 내륙에서 원목을 조달하는 네덜란드를 상대로, 산림자원이 고갈된 베네치아는 선박 제조 원가에서 경쟁을 할 수가 없었다. 철로 배를 만들 수 있기까지는 아직 200~300년을 더 기다려야 했을 때 라인강 하구에 자리하여 독일의 산림을 이용하고 발트해 임산국들스웨덴·핀란드·덴마크·에스토니아과 교역이 용이했던 네덜란드는 17세기 조선 산업의 최강자였다. 델프트, 로테르담, 암스테르담 거리에는 조선 산업에 종사하는 목수가 넘쳐났다. 원래 가장 솜씨 뛰어난 목수는 집 짓는 대목이거나 가구 장인이 아니고 배를 만드는 사람들이다. 암스테르담, 델프트 근대건축의 디테일이 유럽 다른 도시에 비하여 월등한 것은 이 배를 건조하는 목수들이 집도 지었기 때문이다.

흥미롭게도 베네치아는 바다 갯벌 위에다 도시를 만들었고 네덜란드는 해수면보다 낮은 저지대를 개척하며 그들의 근거지를 확보했다. 자연에 맞서 물을 관리하며 베네치아와 네덜란드는 제방 건설, 운하 굴착 등 고도의 건축 토목 기술을 축적할 수 있었다. 19세기의 지성 존 러스킨은 그의 저서 〈베네치아의 돌〉에서 고딕 건축을 이야기하고 두칼레 궁전을 세계 건축의 중심이라 설명한다. 사상가 존 러스킨의 고전주의적 견해다. 만약 러스킨이 네덜란드의 16, 17세기 풍속화를 보았다면 어떤 평가를 했을지 궁금하다(러스킨은 소묘와 수채화에도 빼어난 화가였다).

바로크 미술 건축장식으로 궁전과 교회에서 신의 영광을 찬양하던 시대에 놀랍게도 16, 17세기 프란스 할스, 피터르 더 호흐, 요하너스 페르메이르 등 네덜란드 화가들은 '이웃의 일상생활'을 스케치하였다. 네덜란드 화가들의 그림에 등장하는 근대. 건축과 미술에서 근대의 시작을 20세기 초로 구분한다면, 네덜란드의 근대는 서구의 보편적 역사를 얼추 200년은 앞서간 것이다. 이런 사회 문화 안에서 성장한 목사 지망생 반고흐는 시종 지독한 책벌레였다. 언어에 재능이 뛰어난 그는 런던 주재원 시절 불어를 가르친 경력도 있다. 그가 남긴 서간문에서 그의 독서 편력을 엿볼 수 있고, 폴 고갱은 '미친 네덜란드 녀석'의 책 읽기에 고개를 절레절레 흔들었다고 한다. 키츠의 시, 쥘 미슐레의 〈프랑스 대혁명〉, 스토 부인의 〈톰 아저씨의 오두막〉, 셰익스피어, 디킨스, 발자크, 모파상, 에밀 졸라의 저작을 영어와 불어로 읽었다. 고흐가 편지에서 언급했을 뿐 아니라 동생 테오와 누이 빌레미나, 주변 인물 폴 고갱, 카미유 피사로 인상주의의 창시자로 불리는 프랑스 회가. 세잔과 고갱의 스승이 라 불릴 정도로 영향을 끼쳤다의 증언이다.

간질과 조울증 가족력에다 타협할 줄 모르는 광인으로 알려진 고흐는 실제 대단히 지성적 인물이었다. 그의 가족들이 모두 그러하다. 폭풍의 언덕을 올라가기 전 브론테 자매의 집, 교구 목사관에서 그들 가족의 그림, 손 글씨 등의 전시를 보고 놀란 적이 있다. 19세기 가난한 탄광촌 목사 가족이 갖춘 교양과 지성. 반 고흐도 목사 아버지의 교구관에서 성장했다. 문학인이 었고, 예술사에 정통한 인문주의자였다. 그가 쓴 편지글은 맑은 물 흐르는 듯하고, 어느 때도 흥분하지 않으며, 광기는 찾아볼 수가 없다. 그리고 문체는 시종 예의 바르고 단정하다. 파리에서 인상주의 화가들을 만나 프로방스의 태양에 눈이 부셨고 순식간에 그 강력한 임파스토 impasto 물감을 겹쳐 두껍게 칠하는 유화 의 기법의 그림을 그렸다고 한다. 한순간의 빛은 반 고흐의 깊은 인문의 정신을 추동하기에 불과했을 뿐이다. 키츠의 시를 번역 했던 화가, 모파상을 일러 그림을 글로 쓰는 예술가라 평가했 던 사람. 황량한 들판 드문드문 작은 농가와 농부의 보금자리, 「감자 먹는 사람들」의 그 오두막은 반 고흐의 휴머니티가 완성 한 작업이다. 그의 서간문을 다시 살피며 이 글을 썼다.

뗏장집

반 고흐가 1883년 「뗏장집」을 그렸다. 실물
을 볼 수 없으니 반 고흐의 그림으로 집을 상
상한다. 작은 카펫 크기로 자른 잔디 모판을
골프장 그린에 올리는 것을 본 적은 있다. 들
판의 풀이나 잔디를 이렇게 지붕 위에 올렸
다. 스칸디나비아와 아이슬란드, 미국 중서부
에도 이런 집이 있었다고 전한다. 자연 소재
의 건축은 사람이 살며 관리하지 않으면 아무
흔적도 없이 흙으로 돌아갈 것이다. 참으로
자연 친화적 건축이다. 우리 산간에 통나무
귀틀집이 남아 있지 않은 것도 같은 이유다.

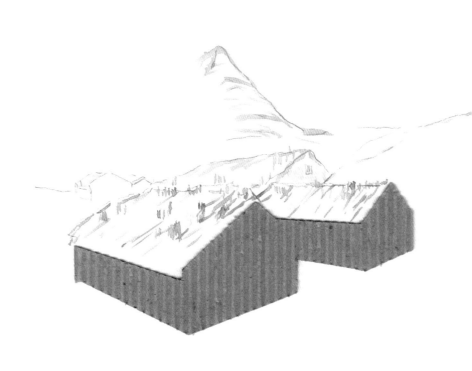

무릎 맞닿는 집, 용슬재

시로, 그림으로 남아 우리 정신에 자리하고 있는 작은 집이 있다. 이 작은 집의 사상은 인간을 지극한 선善으로 안내한다. 5세기 시인 도연명이 남긴 유토피아.

자 이제 돌아가자

歸去來兮

……

남쪽 창가에 기대어 마냥 의기양양하니

倚南窓以寄傲

무릎 하나 들일 만한 작은 집이지만 이 얼마나 편한가

審容膝之易安

……

나는 외로운 소나무를 어루만지며 서성이고 있다

撫孤松而盤桓

……

「귀거래사」의 구절이다. 중국, 일본, 한국의 과거와 현재를 관통하는 정신으로 「귀거래사」의 시 세계만큼 큰 것은 없으리라. 동아시아인들이 도연명 시의 자구字句를 빌려 1000년이 넘도록 써온 시 「귀거래사」를 그린 풍경, 도연명의 여러 행장 모습은 서양미술사에서 그리스 신화를 소재로 완성한 조각과 회화와 글의 수량에도 뒤지지 않을 것이다. 그리스 인문 정신이 로마와 르네상스를 거쳐 서유럽인들의 보편적 가치척도가 되었듯 도연명은 한자 문화권 동아시아 민중의 숨결에 머문다. 시인 도연명은 사대부 문화 그 자체였고 한국에서는 선비 정신의 바탕이 되었다. 누가 「귀거래사」를 그저 중국 산시성 출신 시인의 노래라 하는가.

12세기 예찬의 「용슬재도^{容膝齋圖}」. 용슬재는 무릎 맞닿는, 「귀거래사」 도연명의 작은 집이다. 조선의 안평대군은 안견에게 지난밤 꿈에 본 도연명의 복숭아꽃 핀 마을을 그리게 했다. 「몽유도원도^{夢遊桃源圖}」다.

20여 년 전 도연명의 작은 집을 찾아 나선 적이 있었다. 용산 국립중앙박물관은 착공도 하기 전 타이완 고궁박물관은 놀라울 규모로 컸다. 1층 오른편 방에는 대한민국 상해임시정부 여러 분들, 김구 선생 그리고 중국 국민당 주요 인물들의 흑백 사진이 벽에 가득했던 기억이 난다. 「용슬재도」는 고궁박물관 2층 어두운 조명 아래 누가 볼세라 수줍게 걸려 있었다. 타이베이에 가면 초록 배추 옥조각^{취옥백채 翠玉白菜}을 놓치더라도, 안개가 앞산을 가리고 버드나무가 살랑살랑 강을 치는 석도^{명말}^{청초의 화가}의 타이베이 산수화는 빠뜨리더라도「용슬재도」는 꼭 보시라. 추사의「세한도^{歲寒圖}」를, 강진 다산초당, 해남 일지암을 읽기 위해서라도 말이다.

「용슬재도」의 집은 18세기 프랑스 예수회 소속 신부 로지에의 건축 에세이<An Essay on Architecture> 표지에 그려진 오두막과도 유사하다. 로지에 신부의 에세이 표지 삽화를 보면 얼른 최초 에덴동산에 있었던 집을 그렸나 하는 생각이 든다. 로지에는 구교의 성직자였다. 그의 세월은 이를 데 없이 화려한 로코코양식이 건축, 미술을 주도하던 18세기였다. 원시 오두막은 자라는 나무 기둥에 수평으로 가는 보를 얼기설기 얹었다. 지붕은 흡사 까치가 잔가지를 물어 온 듯하지만 빗물이 흘러내리도록 경사진 맞배지붕 꼴이다. 로지에는 이 형태의 오두막이 건축의 출발이며 본질이라 설명한다. 화려하며 과잉된 표현의 시대에 단순하고 소박한 건축의 기원을 찾아나설 것을 제안한다. 숲속의 나무는 그 모습대로 원시 오두막의 기둥이 되었다. 19세기 조선에서도 같은 맥락의 그림이 나왔으니, 추사의「세한도」다. 제주도 귀양 시절에 추사가 그린 집은 초가지붕 모옥^{茅屋}. 소박한 초가집이 추사가 꿈꾸는 집이었다.

로지에의 오두막도 그가 추구했던 본질의 집이니 추사의 이상과 다르지 않다.

예산 추사 고택의 주련柱聯 기둥과 벽에 장식으로 써 붙이는 글귀에 "가장 좋은 반찬은 두부, 오이, 생강, 나물大烹豆腐瓜薑菜, 가장 좋은 모임은 남편, 아내, 아들, 딸, 손자, 손녀高會夫妻兒女孫." 젊은 시절부터 북경의 대학자들로부터 해동의 신동이라 불렸던 추사의 심경은 이러했다. 부귀영화 입신양명이 다 무언가, 작은 집에서 가족과 나물 반찬 한 보시기면 그만이다. 인생 갖은 풍파를 겪은 71세 노인의 술회다.

귀양길에도 장경추사에게 영향을 준 청나라의 화가의 서화書畵를 품고 다녔다는 추사가 예찬장경에게 영향을 준 원나라 말기의 화가의 「용슬재도」를 몰랐을 리 만무하다. 시인 도연명의 무릎 맞닿는 작은 집은 조선 성리학 퇴계의 도산서당의, 또 일본 와비사비간소함 가운데 깃든 한적한 정취, 무상함의 아름다움에 대한 깨달음 다옥茶屋의 정신이 되었다. 도연명의 작은 집은 작지 않다. 그의 시 「귀거래사」와 「도화원기」가 문학, 미술뿐 아니라 우리의 정신세계를 얼마나 풍성하게 했는가. 그리고 이 조그마한 초가는 그 안에 머무는 이에게 "정신의 평안을 주었다審容膝之易雕."「귀거래사」의 한 구절

작은 집은 편안한 집이다. 한국, 중국, 일본의 어느 옛 그림에

도 집은 작고 소박하며 화폭을 지배하지 않고 살짝 얹어 있을 뿐이다. 우리의 미학은 이러하다.

예찬, 「용슬재도」

중국 원대 예찬의 그림 「용슬재도」. 무릎 맞
닿는 공간 용슬(容膝), 도연명 「귀거래사」의
정신이다. 작은 오두막집이면 충분하다. 예찬
은 「용슬재도」에서 '최소한의 집'을 그린 것이
다. 충분하다.

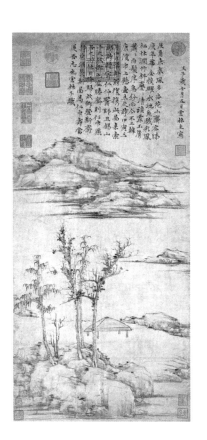

추사, 「세한도」

추사 「세한도」의 집은 중국풍의 초가집(모옥)
이다. 제주도 유배길에도 추사가 천금처럼 아
끼며 품에 간직했던 화첩이 있었다. 〈소림모
옥(疏林茅屋)〉, 청나라 문인화가 장경의 작
품이다. 현재 간송미술관에서 소장하고 있
다. 소림모옥, 조용한 산간의 초가집. "장경은
원나라 예찬을 이어받아 〈소림모옥〉을 그렸
고, 추사는 장경의 화첩을 보며 자기 화풍을
완성했다." 간송미술관 최완수 선생의 설명이
다. 소슬한 「세한도」가 이어 도연명의 「귀거래
사」에 닿는다. 중국, 한국, 일본의 빛나는 인
문 정신은 소박하고 무릎 맞닿는 크기의 작
은 집에서 출발했다.

©국립중앙박물관

로지에 건축 에세이

프랑스 출신 로지에는 베네딕트파의 수도사였고 유럽 최초의 건축 이론가로 알려졌다. 1753년에 발간된 그의 〈건축 에세이〉로 유명하다. 표지 그림은 인간의 잃어버린 낙원을 은유한다. 교회 건축은 이렇게 순결한 '원시 오두막'으로 돌아가자는 주장을 했다. 바로크음악과 로코코양식의 시대에 이런 정신을 가진 건축 철학자(성직자)가 있었다니 신선하다.

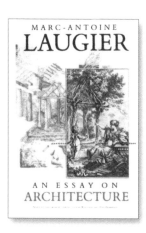

MARC-ANTOINE
LAUGIER

AN ESSAY ON
ARCHITECTURE

한옥은 없다

특별히 설명할 때를 제외하고 나는 한옥이란 단어를 쓰지 않았다. 지금도 거의 사용하지 않는다. 한옥이란 용어가 전통문화라는 봇물 속에 마구 쏟아진 것은 불과 20년에 불과하다. 10여 년 전 한 언론사에서 '한옥' 강의를 요청했다. 기자 대상의 사내 교육 프로그램이었다. 목공소를 운영하고 '나무 이야기' 프로그램을 진행하니 한옥도 나의 영역이라 그들은 짐작했던 모양이다. 난감하여 일단 사전에서 한옥을 찾아보았다. 길게 인용해보자.

"한옥은 전통 한국 건축양식을 사용한 재래식 집을 말한다. 조선집이라고도 한다. 현대식으로 지은 집은 '양옥'이라고 한다."

'한옥'이라는 말이 처음으로 나오는 것은 융희 2년[1907년] 4월 23일에 쓴 '가사에 관한 조복 문서'인데, 돈의문에서 배재학당에 이르는 정동 길 주변을 기록한 약도에서 이 말이 등장한다. 당시에는 '주가^{住家}'나 '제택^{第宅}' 같은 용어를 흔히 썼고, 맥락으로 보아 한옥이라는 낱말은 특수한 상황에서 새로이 등장한 건축물을 가리키는 용어로 썼다.

일제강점기에는 주택 개량을 논의하면서 주가라는 일반적인 이름을 쓰거나, 일본식 한자로 영단주택^{營團住宅}, 문화주택이 있었다. 영단주택은 기업체의 사원 주택으로 이해하면 되겠다.

서울, 인천, 부산 등 한반도의 공업지역에서 사원, 노동자들의 주거 문제를 해결하기 위한 주택단지였다. 지금은 재개발로 사라졌으나 20여 년 전에만 해도 영등포 이면 도로 따라 긴 일자형 영단주택이 남아 있었다. 동해안의 삼척, 동해시 도심에는 아직 일제강점기 건축으로 보이는 영단주택이 있다.

이와 구별하며 조선주택^{朝鮮住宅}이란 표현도 썼다. '한옥'이라는 낱말은 1975년 삼성출판에서 발간한 〈새 우리말 큰사전〉에 등장하는데, 이후 편찬한 국어대사전, 우리말 큰사전 등에서 양옥에 대비되는 개념으로 '조선집' 또는 '한식집' 등의 동의어로 나온다. 1970년대 중반 이후 단지형 주택, 아파트 등에 밀려 일반적으로 한옥이 점차 위축되면서 한국 전통 건축물을 가리키는 이름으로 한옥이라는 말이 공식 통용되기 시작하였다. 넓은 의미의 한옥은 초가집, 너와집, 기와집 등 한국의 전통 건축물을 포괄하나 한국에서도 일반적으로 한옥은 기와집만을 의미하게 되었다.

서울로 와서 아파트 생활을 하기 전 나는 조선 전통 가옥에 살았다. 우리 집안은 한 마을에서 거의 500년을 살았는데 아버님이 태어난 집은 약 300년 된 전통 가옥이었다. 훗날 아버지가 분가하며 도심으로 옮긴 내 유년의 집도 전통 목재 가옥이었다. 누구도 우리 집을 한옥이라 얘기하지 않았고 '한옥에 사느냐'는 질문을 받은 기억이 없다. 동리에서는 우리 집을 큰 대문 집이라 불렀고 일가친척 간에는 어머니의 친정집 지명, 그러니 나의 외가가 우리 집의 당호였다. 당시 콘크리트 신식 주택이 몇 들어서자 구분 없이 양옥집이라 불렀다. 일본식 주택은 적산집, 청라 언덕 위 빨간 벽돌집은 선교사 집이고, 말을 키우고 빌려주던 집은 말집이었다. 살고 있는 집은 주로 지붕 모양과 쓰임새에 따라 불렸는데 기와집, 초가집, 양철집, 유난히 지붕이 낮았던 '납작집'도 기억이 난다. 최순우 선생의 어느 글에서도 나는 한옥이라고 쓴 것을 찾지 못했다. 선생의 명저 〈무량수전 배흘림기둥에 기대서서〉에도 '한옥'이라는 단어는 없다.

그런데 불현듯 한국 전통 건축의 해박한 연구자 김봉렬 한국예술종합학교 총장이 한옥을 설명하고 건축가 황두진과 최욱이 북촌 한옥을 설계했으며 조정구 소장은 한옥 호텔을 디자인했다. 신응수 대목장은 물론이고 소설가도 시인도 한옥, 서울시가 한옥마을, 전주시도 전라남도도 한옥마을 꾸미기에 바쁜 시절이다. 한옥 호텔, 한옥 영빈관, 정부의 한옥 지원 사업에다 우후죽순 한옥 학교가 들어서기도 했다. 앞에 인용한 사전적 정의에서 불과 한 세대가 지나지 않아 우리가 통상 사용하는 한옥의 개념이 얼마나 변하였는지 따라잡기가 벅차다.

보자, 미국에 아메리칸 하우스라는 말이 있는가. 영국에 잉글리시 하우스, 암스테르담에 더치 하우스, 태국에는 그들의 시암 하우스가 있는지. 홍콩이나 자카르타, 동남아시아 큰 도시에 아메리칸 클럽은 있고 유럽 곳곳에 잉글리시 가든도 있다. 헤밍웨이가 소설에서 플로리다 키웨스트의 온통 스페인풍 거리에서 미국 식민지 시대의 건축을 발견하고 아메리칸 하우스라 묘사했다면 그럴 수 있다. 과거 프랑스령이었던 뉴올리언스에서 영국 영사관 건물이 덩그러니 서 있다면 잉글리시 하우스로 불러도 되겠다. 우리도 서양식 주택이나 일본풍 건축에 대비할 때 한옥이란 용어를 사용한다면 문제 될 것이 없다. 하지만 요즈음 우리 사회가 합의한 한옥의 정의는 '목재 구조에 기와로 지붕을 올린 집'이다. 서울시 건축 조례와 전주시가 규정한 한옥이 그러하다.

유럽을 여행하면 현지의 보통 사람들도 뾰족탑을 보며 초기 고딕, 후기 고딕 양식을 구별할 줄 안다. 건축 내부 장식에서 바로크, 로코코를 알아보고 영국인들은 18세기 조지안과 19세기 빅토리아풍 구분이 정확하다. 가까운 일본도 헤이안,

가마쿠라, 에도 시대별로 건축과 정원의 양식을 구분한다. 우리는 초등학교 사회 시간에 이미 그리스 건축양식을 이오니아 기둥, 코린트 기둥이라며 그 차이를 그림으로 배웠다. 이 단어와 간단히 기둥의 특징을 아는 것만으로 서양 건축을 볼 때 내 나름의 감식안도 가지게 되었다.

우리 현실은 건축, 미술, 문화를 전공한 이들도, 시대의 지성들이 구분 없이 '한옥'이라고 한다. 초가집, 너와집, 굴피집, 귀틀집, 제주도 돌집은 한옥의 위용에 지워져버렸다. 제주도 억새 지붕 위로 주렁주렁 돌 매달려 있던 풍경 그리고 돌담. 암만 봐도 규슈나 오키나와와 연결되는 해양 문화의 끈이 있었을 듯한데. 다시 지어진 제주도 옛 관아도, 한라산 자락에 새로 들어서는 중간산마을 토속 집도 죄다 서울의 북촌 한옥이다.

대한제국 1904년의 인구조사를 보면 대구부^{지금 대구시의 중심 지역}에서도 기와집이 전체 가구 수 중 5%가 되지 않았다. 국채보상운동의 시발지 대구부는 당시 한반도에서 소득수준이 가장 높은 지역이었을 터이다. 구한말 프랑스 선교사들이 남긴 서울 남대문 주변의 사진에도 보이느니 땅에 붙어 있는 초가집뿐이다.

건축가 황두진이 쓴 〈한옥이 돌아왔다〉. 이 책으로 황두진의 이름은 우리 사회 건축 문화 분야에서 또렷이 새겨졌다. 황두진 소장이 이 저서에서 한옥이라고 이야기하는 것은 고작 1920~1930년대 대부분 집 장수들이 북촌에 지은 민가다. 이 책에서 언급한 한옥은 우리 전통 건축의 경계를 참으로 옹색하게 만들어버렸다. 〈한옥이 돌아왔다〉의 한옥을 '1930년대 서울 가회동 민가' 혹은 '북촌 살림집'으로 바꾸어 읽어보라. 그래야 우리 전통 건축이 명료해진다.

2007년 출간된 〈한옥에 살어리랐다〉를 펼치면 더 당황스럽다. '새로운 한옥을 위한 건축인 모임 지음'이며 기획 및 진행은 대한민국 문화재청이다. 한국 전통 건축계의 석학들이 자리하여 한옥을 쓰면서 어디에도 한옥의 정의, 무엇을 한옥이라 하는지에 대한 설명이 없다. 이 책은 북촌 살림집도, 기호지역의 건축도, 영남 사림 건축, 제주도 토속 가옥도 구별 없이 그냥 '한옥'일 뿐이다.

윤장섭 선생의 〈한국의 건축〉에는 원시 건축부터 삼국 시대와 발해 건축, 고려 시대의 불사 건축과 불탑, 조선왕조의 궁궐, 목조 건축, 불교와 유교 건축, 주거 건축, 정원까지 세분했다. 지금 여러 건축가들과 언론, 심지어 지방 정부에서 규정하는 한옥은 윤장섭 선생이 시대와 지역별로 분류한 '조선왕조의 주거 건축' 갈래에 불과하다.

건축가가, 또 한국 전통문화와 관련한 연구자들이, 그리고 언론이 지금 태연히 사용하는 '한옥' 이름씨는 엄격하지 않다. 조선 후기 양식과 고작 북촌 살림집을 한옥이라 부르고 모두 따라 하니 우리 5000~6000년 지역별 다양한 문화, 여러 형태의 지붕과 지역의 흙, 돌, 나무, 짚, 풀을 자재로 지은 토속 건축이 잊혀버렸다. 글과 단어는 우리 생각의 그릇일진대 맥락 없이 뭉뚱그린 한옥이라는 용기에 어떻게 한국 건축의 미래를 담을 수 있겠는가. 나는 초가집, 너와집, 귀틀집, 돌집, 기와집을 찾는다.

제주, 돌집

돌이 많고 바람 세며 해녀가 많아 삼다도라 불렀다. 돌집은 제주도의 토속 건축이다. 토속 돌집이 제주도의 풍경이었다. 담장이 돌, 농사짓는 터의 경계인 밭담이 돌, 창고의 벽이 돌, 야트막한 집의 벽도 돌이었고, 지붕은 이엉을 엮어 올려 돌을 매달았다.

그랬던 제주의 모습이 달라졌다. 제주 도심의 풍경은 이제 서울, 수도권과 조금도 다르지 않다. 더하여 제주도에 들어선 전통 가옥과 문화재 복원 현장을 보노라면 육지 사람인 나의 눈으로도 얼른 수긍하기가 힘들다. 전부 서울 북촌, 서촌의 기와지붕에, 기둥과 보는 소나무다.

제주도는 한반도 최남쪽의 온화한 해양 기후로 지역의 느티나무, 산벚나무, 뽕나무 등 활엽수로도 집을 지었다. 제주에서 자라는 활엽수는 소나무하고는 비교할 수 없을 만치 단단하다. 나는 느티나무, 뽕나무 재목으로 지은 제주도의 집을 발견하고 우리 전통 건축양식의 다양함에 얼마나 기뻤는지 모른다. 그렇게 정답던 초가지붕 돌집들. 뭍과는 사뭇 달랐던 해양의 토속 풍경을 되살릴 수 있을까?

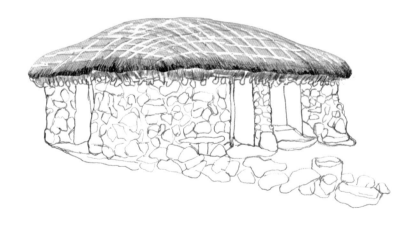

너와집

강원도 삼척시 도계의 너와집은 국가민속 문화재다. 몇 년 전 삼척의 이끼계곡을 걷던 중 너와 집 한 채를 발견했다. 통나무를 50~60cm 길이로 자르고 이것을 가로 20~30cm, 두께 5cm 정도 판재로 만든다. 이 판재를 지붕에 올린 것이 너와집이다. 나무 지붕 너와집만 있는 것이 아니다. 평평한 돌을 올린 돌 너와집도 있다. 15~16년 전 영월에서 돌 너와집을 한번 본 적 있는데 잘 챙겨두지 못해 아쉽다.

영국 웨일스 북단 귀네드에는 로마 시대부터 돌을 채취해온 광산 마을이 아직도 있다. 이 동네에서는 검정 돌 점판암으로 너와 지붕을 만든다. 시멘트와 석면으로 만든 슬레이트도 있지만 이 돌 지붕이 바로 본연의 슬레이트다. 오랜 일본 정원의 다실(茶室)들도 탄복할 만치 나무를 정밀하게 켜서 짜맞춘 너와집이다. 모두 삼나무다. 연도를 보면 에도 막부 시대 초기의 건축도 있다. 퍼런 이끼가 낀 너와 지붕이 300년의 시간을 이고 있다.

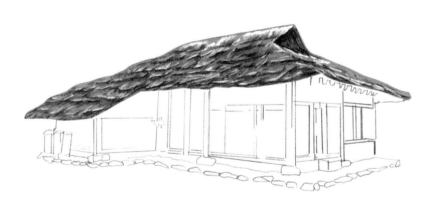

귀틀집

통나무의 끝부분에 홈을 파서 수평으로 하나
하나 쌓아 올려 벽을 만들고 지붕을 올린 집
이다. 나무만 있으면 숙련된 목수가 아니어도
쉽게 축조할 수 있는 방식의 건축이다.

산림이 풍부한 함경도, 강원도, 지리산 인근
에도 귀틀집이 있었다고 전하나 나는 전래의
귀틀집을 국내에서 본 적이 없다. 스위스, 오
스트리아의 산간 지역에 귀틀집이 군데군데
남아 있지만 건초를 보관하거나 축사 용도로
사용한다. 핀란드 교외 주택에 귀틀집 사우
나가 있다. 나무와 나무 사이를 흙과 풀로 메
운 인류의 가장 오랜 목재 구조 집이 귀틀집
이다.

작지 않은 작은 집

중국 도연명의 초라한 오두막집 정신은 이웃 일본에서도 궁극의 가치가 되었다. 11, 12세기부터다. 전국시대 당대의 호걸 영주들이 저마다 뽐내며 다회茶會를 열고, 시를 짓고 기물을 자랑하며 국사國事를 주고받았다. 그런데 최상의 연회는 기어서 겨우 들고 날 수 있는, 이엉짚이나 억새로 엮은 것을 인 작은 초가집 다회였다. 일본 다도의 젠禪 정신이다.

일본 다도의 선승禪僧 센 리큐는 16세기 인물이다. 임진왜란 발발 1년 전 도요토미 히데요시에게 죽음을 당한다. 센 리큐는 도요토미 히데요시의 금박 장식한 오사카 다옥을 디자인했고 와비차간소하고 정제됨을 추구하는 다도 스타일의 원조로 숭앙받는 이다. 참관조차 하기 힘든(안전하게 한 달 전 편지를 팩스로 보내야 한다) 교토 묘키안의 다이안도 센 리큐가 디자인한 다실이다. 도요토미 히데요시를 염두에 두고 센 리큐가 집 안의 다실을 교토의 묘키안으로 옮겼다고 전한다. 센 리큐는 일본을 통일한 간웅姦雄 도요토미 히데요시도 엎드려 다실로 들어오게 했다. 승려 신분의 센 리큐와 천하의 관백觀白 도요토미 히데요시. 손님을 맞는 다실 바닥은 다다미 두 장, 약 반 평이며 다이안의 건축 평면은 다다미 넉 장 반, 두 평이 조금 넘는 작은 초가다. 선종禪宗의 승려 센 리큐에게 신분의 귀하고 천함은 한갓 뜬구

름일 뿐이었다. 다실로 들어가기 위해 뚫린 입구를 '니지리구치'라 하는데 개구멍이라는 뜻이다.

센 리큐 이전, 수필 〈방장기方丈記 일본 3대 수필 중 하나〉를 쓴 저자 가모노 초메이는 1평 집을 지어 살았다. 1평 크기의 집을 방장方丈이라 한다. 흥미롭게도 한국 불교에서 원로 큰스님을 '방장'이라 모신다. 큰 어른을 '소박하고 작은 집'이라 부르는 것이다. 명예와 높임의 표현으로 방장, 호칭에서 한국 불교 정신의 고매함을 읽는다.

가모노 초메이의 수필 〈방장기〉가 문학사에서 워낙 돌올하지만, 나는 그 뛰어남보다 그의 1평 공간을 주목한다. 1평은 면적의 기본단위다. 기본 면적 1평이 공간의 세계로 나를 깊이 끌고 간 사건이 있었다. 내가 살고 있는 골짜기 초입에는 아직 성황당이 있고 해마다 음력 정월 보름날 밤에는 산신제山神祭를 모신다. 산허리 턱 솔숲의 성황당은 곧 무너질 듯했으나 누구도 참견하지 않았다. 10여 년 전 보다 못하여 결국 내촌목공소에서 새로 마을 성황당을 짓기로 했다. 대신 '옛 형태대로 복원하지 않는다. 조건은 하나, 내촌목공소 디자인으로 하겠다.' 마을의 목공소에서 무상으로 성황당을 새로 짓는다니 노인회에서 좋아라 했다. 그래서 전해 내려오는 우리의 성황당 공간을 공부했다. 동해안이든 "어기야 디여차" 서도 뱃노래 적셔 있는 경기도 바닷가든 우리 땅의 토속 성황당은 모두 1평 건축이라는 놀라운 사실을 알았다. 민간의 소도蘇塗 천신에게 제사 지내는 장소, 산신을, 용왕을 혹은 조상을 모시며 이슬 같은 물 한 사발 올렸던 공간은 1평. 성황당이 우리 건축의 시원이 아닐까? 우리 마을의 산신은 백우산해발 890m, 홍천군 내촌면 호랑이다. 이 산신은 내촌목공소에서 지은 콘크리트 기초 위 신식 성황당에 머문다. 이런 연유로 800년 전 가모노 초메이의 〈방장기〉 1평 공간에 내 시선이 오래 머물렀다. 1평이라, 1평 건축이다.

세계적으로 명망 자자한 일본 현역 건축가 안도 다다오, 다니구치 요시오, 이토 도요, 시게루 반, 여기에다 2021 도쿄 올림픽 스타디움을 설계한 구마 겐코까지. 이들의 아카이브에 작은 집 작업이 빠지지 않는다.

안도 다다오 스튜디오에서 고베항 앞의 작은 섬 아와지시마로 안내한 적이 있었다. 아와지 유메부타이고베 지진을 계기로 대지를 소생시키는 의미를 담은 리조트 단지 건축은 나오시마처럼 건축가 안도 다다오가 수십 년에 걸쳐 수행한 프로젝트다. 섬의 정상에는 고베시의 게스트 하우스가 있었다. 안도 선생이 상큼하게 디자인한 건축 외관과 달리 빈번히 사용하지 않는 듯 거미가 줄을 칠 듯했다. 옆에 작은 별채 하나 있는데 지붕과 벽체의 색조와 디자인이 본관 건물과 다르지 않아 안도 다다오의 디자인임이 한눈에 보였다. 이 작은 집은 일본 전통 다옥의 모습이다. 안도는 교토 나라의 옛 정취 따라 초가나 편백나무 얇은 판재 지붕을 쓰지 않고 얇은 아연 강판으로 덮었다. 아무렴 안도 다다오는 21세기의 건축가가 아닌가? 그런데 다옥의 출입구는 500년 전 은각사의 동리재, 금각사 무사의 다실, 센 리큐의 다이안과 다르지 않게 기어서 들고 나야 하는 크기였다. 작은 집의 작은 출입구. 순간 들숨이 멈칫했고 세속에서 다른 세계로 옮기는 느낌을 받았다. 작은 출입구가 일순간 나를 휘어잡았다.

건축 에세이로 어지간히 인용되는 다니자키 준이치로의 〈그늘에 대하여〉(일본판 제목 그대로 〈음예예찬〉으로 번역한 본도 있다)에서 다음을 옮긴다.

"어느 정도의 옅은 어두움과 철저히 청결한 것과, 모기 소리조차 들릴 듯한 고요함이 필수 조건인 것이다. …… 처마 끝이나 나뭇잎에서 방울방울 떨어지는 물방울이, 석등의 지붕을 썻고 징검돌의 이끼를 적시면서 땅에 스머드는 촉촉한 소리를 한결 실감 나게 들을 수 있다."

"어두운 방에 사는 것을 부득이하게 여긴 우리 선조는, 어느덧 그늘 속에서 미를 발견하고, 마침내는 미의 목적에 맞도록 그늘을 이용하기에 이르렀다."

놀랍게도 프랑스, 영국 등 여러 서구 건축가나 문인들이 그들 글에서 1930년대에 다니자키 준이치로가 쓴 일본 수필을 편안히 들먹인다. 강원도 골짜기에서 집 뒤로는 소나무 숲, 남쪽 창에는 귀룽나무 가득한 풍경 안에 살고 있는 사람이 간신히 느낄 수 있는 '옅은 어두움, 나뭇잎의 물방울, 이끼를 적시는' 정서를 유럽, 미국의 건축가들이 어떻게 이해했을까. 일본 전통 미학을 표현하는 한마디 '와비사비', 굳이 해석하자면 '모자란 듯 소박하며 조용함', '가난하고 열등한 상태에서 깨달음' 정도이다. 알 듯 말 듯 말끔히 옮기지 못하겠다. 그런데 일본 미학 에세이를, 또 와비사비를 스위스인 알랭 드 보통이, 미국 사람 레너드 코렌이 버젓이 설명한다.

알랭 드 보통은 자신의 책 〈행복의 건축〉에 "와비. 영어로 딱히 마땅한 번역어를 찾을 수가 없다. 와비는 허세가 없고, 소박하고, 완성되지 않고, 덧없는 것들을 아름다움으로 정의한다. 숲속 오두막에서 빗방울이 떨어지는 소리를 들으며 혼자 저녁 시간을 보내는 일은 와비를 누리는 행위이다. 싹이 밎지 않는 오래된 토기, 평범한 물동이, 흠이 있는 벽, 풍파에 시달리며 이끼가 낀 거친 돌에 와비가 있다. 와비가 가장 뚜렷하게 드러나는 색깔은 회색, 흑색, 갈색이다"라고 적었다. 레너드 코렌은 그의 저서 제목으로 아예 와비사비를 그대로 쓴 것도 있다.

몇 년 새 협소 주택에 관한 글과 기사가 부쩍 자주 등장한다. 협소 주택은 일본의 건축 잡지, 부동산 소개 등에서 널리 사용하던 용어다. 제2차 세계대전 패전 후 극심한 궁핍과 자원 부족 상황 속에서 '최소한의 주택'이 일본에 등장했다. 1950년 건축가 마쓰자와 마코토는 본인의 집으로 삼나무 목조 9평 집[1층 평면 기준]을 설계했다. 참고로 일본은 삼나무의 나라다. 전통적으로 민가를 삼나무로 지었다. 일제강점기에 지은 목포, 군산, 부산의 일본식 주택도 기둥은 물론 문의 짜맞춤도 살펴보면 삼나무다. 패전 후 최소한의 집이 현대 일본 9평 주택 운동의 효시가 되었다는데 궁핍이 인간의 정신까지 궁핍하게 만들지는 못했다. 그뿐인가, 한국의 승효상은 '빈자의 미학'으로 건축의 정신세계를 얼마나 풍성하게 했는가? 건축가 안도 다다오가 일본과 세계를 흥분시킨 스미요시 주택도 17평 남짓

터 위에 건축면적 10평^{연면적 19.6평}의 집이다. 오사카 변두리의 30대 무명 건축가가 1970년대 중반 설계한 전면 고작 네다섯 걸음에 불과한 콘크리트 집은 20세기 가장 위대한 건축 중 하나가 되었다.

도연명의 용슬재, 가모노 초메이의 방장[1평], 센 리큐의 다이안[2평], 마쓰자와 마코토의 최소한의 건축[9평], 안도 다다오의 스미요시 주택[10평] 그리고 승효상의 빈자의 건축은 작지 아니하다. 작은 건축은 울림이 되어 세상을 덮었다.

삼나무와 마쓰자와 주택

내가 일본에서 가장 부러운 것이 있다. 삼나
무다. 영어로는 시다(cedar), 일본에서는 스
기라 부른다. 가볍고 무른 나무이나 습기에
강하여 잘 썩지 않는다. 그러니 건축용 목재
로 사용하기 더할 나위 없이 좋다. 미국 서부
포틀랜드, 시애틀, 캐나다의 밴쿠버에도 대
단히 질 좋은 삼나무가 자란다. 중국 윈난성,
구이저우성을 여행하며 소수민족의 전통 건
축을 살펴보았는데 모두 삼나무였다. 삼나무
로 지은 집을 보면 습기에 약한 우리 소나무
전통 건축과 늘 비교된다. 삼나무를 보면 언
제나 부럽다.

마코토의 집은 9평 면적에 2층 14평 규모의
삼나무로 지은 집이다. 1952년 본인이 거주
할 최소한의 주택을 설계했다. 전후 이 작은
주택이 소개되자 일본 사회의 반향이 실로 대
단했다. 지금도 일본의 많은 젊은 건축가들
이 마쓰자와 마코토의 9평 집을 주제로 변용
된 협소 주택 디자인을 계속 선보인다. 요즈
음 갑자기 등장하고 있는 우리나라의 이동식
주택, 농막과 일본 건축가들의 협소 주택이
오버랩된다. 난감할 뿐이다.

스미요시 주택

1976년에 완성한, 건축가 안도 다다오 디자인의 노출 콘크리트 집이다. 얼마 전 유튜브를 보니 아직도 건축주 아즈마 씨가 그대로 살고 있었다. 오래전 발간된 안도 다다오 작품집에서 안도는 반려견과 함께했다. 강아지 이름이 르코르뷔지에. 노출 콘크리트와 그의 걸출한 작업 중 하나인 '빛의 교회' 십자가 형상으로 흘러들어오는 광선에는 르코르뷔지에의 그림자가 스며 있다. 안도 다다오 사무실에서 오사카 고베에 있는 여러 건축물을 안내받은 적이 있다. 나 혼자서 안도 다다오의 서울, 제주도, 도쿄, 밀라노, 베니스 등지의 건축에 드나든 적이 많다. 그의 건축 철학이 동시대 여러 건축가들과 확연히 다르다는 것에 여러 번 놀랐다. 아마 세계적 건축가 명망의 서열은 더 큰 것, 단위면적당 높은 건축비가 들어간 순서가 아닐까 하는 생각이 들 때가 많았다. 그러면서 유명 건축가들은 '디테일이 있다'는 세상의 칭송까지 차지한다. 나는 안도가 무시한 여러 디테일을 보았다. 나는 이 투박한 건축가가 좋다. 내가 보기에 그는 건축주의 돈을 가장 아끼며 작업을 하는 자이다. 스미요시 주택에는 고령의 아즈마 씨가 아직 살고 있다.

내촌마을 성황당

강원도 홍천군 내촌면 도관리 큰골. 마을에
전래되어온 토속 성황당이 있었다. 성황당이
썩어 허물어지기 직전이었는데 2010년 내촌
목공소에서 오랜 산골 마을의 민속에 동참
한다는 뜻으로 같은 자리에 새 성황당을 지
었다.

조건은, 옛 모양의 성황당은 짓지 않겠다, 내
촌목공소의 성황당을 지어드리겠다. 이 모
양의 성황당을 세운 경위다. 성황당의 면적
은 1평. 마을 백우산(890m)의 호랑이 산신
령을 모신다. 매해 음력 정월 보름밤 산신령
을 모시는 제를 올린다.

하이데거의 오두막

나무를 좇아서 독일의 흑림 지역을 다닌 것이 아니다. 거래하는 목재 가공업체가 흑림의 경계에 있는 슈투트가르트, 오펜부르크에 있었고 해마다 혹은 격년으로 참여한 메세 ^{Messe 박람}^회가 뮌헨, 취리히, 바젤에서 개최되었기 때문이다. 뮌헨을 제외하고는 모두 흑림으로 둘러싸인 도시들이다. 매번 현지 독일 친구들의 자동차로 흑림 지역을 드나들며 온천 도시 바덴바덴 ^{Baden-Baden 로마 시대부터 온천으로 유명했던 세계적 휴양지}을 지나쳤고 여름날 목초밭으로 변해 있는 스키장을 가로질렀다. 나는 말 달리듯 두어 시간이면 흑림을 동서, 남북으로 통과했는데 어떻게 나무가 가려 하늘을 보지 못했다고 했는가. 흑림은 이제 로마사에 기록되어 있던 광대무변 ^{廣大無邊}의 숲이 아니다. 스키장, 온천, 트레킹 코스가 군데군데 자리하고 있는 독일 서남부 지역의 국립공원이다. 이따금 가문비나무, 전나무 숲이 하늘을 가려 캄캄하면 흑림에 들어왔구나 실감하지만 자동차의 속도 앞에 그도 찰나일 뿐이다.

환경문제가 지구의 의제로 등장한 지 벌써 한 세대가 지났다. 그 시절 독일에서 녹색당이 출현했다는 뉴스를 들었을 때의 생소함이란. 당시 우리나라는 한강 수질 상태를 발표한 환경학자가 적을 이롭게 하는 불온 인물이라 매도되던 군사정부 시절이었다. 독일에서도 화석연료 대신 풍력, 태양력 등 신재생에너지 사용의 선두에 있는 녹색 도시는 단연 프라이부르크다. 자전거 길이 인상 깊은 프라이부르크는 라인강의 상류 지역, 독일 남쪽 흑림 속의 아담한 도시다. 친환경 생태 도시의 수도라며 우리 방송, 언론에서도 소개되는 경우가 잦은 것을 보니 많은 사람들이 취재나 여행을 다녀온 것 같다.

시간이 빚는 세상의 변화를 지켜보면서 거의 오싹해질 때가 있다. 현실은 소설과 영화의 클라이맥스 반전보다 더 빈번히 실감나게 진행되니까. 프라이부르크가 그러하다. 뮌헨에서 스위스 취리히나 바젤로 갈 때 프라이부르크를 지나쳤다. 1990년대 초 어느 해 독일에 주둔하던 마지막 프랑스군이 프라이부르크를 막 떠났다고 했다. 프라이부르크는 히틀러의 상흔이 길고 깊게 드리운 지역이기도 하다. 제2차 세계대전 후 연합군 프랑스 군대가 주둔하던 캠프가 독일 시민들에게 돌아온 것이다. 바우반^{Vauban}이라 불리는 프라이부르크 외곽이었다. 이후 프랑스군이 주둔했던 역사의 현장은 불과 20년도 되지 않아 지속 가능한 거주 지역으로 탈바꿈했다. 프라이부르크는 환경 생태로 지속 가능한 새로운 패러다임을 세상에 제시한다. 흑림에 터 잡아 살고 있는 풀뿌리 주민들의 양식이 놀랍다. 작은 산골 도시 주민들이 인근의 원자력발전소 건설을 반대하여 결국 연방 정부는 손을 들고 말았다. 21세기가 아닌 1970년대의 일이다. 독일이 이렇게 태양광, 대체에너지 개발에 앞설 수 있는 것은 전적으로 프라이부르크 시민들의 풀뿌리 운동에서 비롯되었다 해도 지나치지 않다. 1990년대 도심에 이미 자전거 길이 확보되어 있었던 동네. 지금 돌이켜보니 흑림의 소도시는 세계 환경 운동의 진원지였다. 개발과 성장과 GNP, 신도시 200만 호 건설이 최고 가치인 줄 알았던 사람에게 환경과 녹색 지속 가능한 삶이라는 주제는 조금도 다가오지 않았다.

그런 나는 거의 매년 1월 건축 전시회 일정으로 로마 군단도 들지 못했다던 흑림을 슈투트가르트에서 제작한 터보엔진 소형차로 앞뒤 없이 달렸다. 작은 도시 프라이부르크가 철학자 후설 Edmund Husserl을 비롯해 하이데거 Martin Heidegger, 하이에크 Friedrich Hayek 그리고 아렌트 Hannah Arendt를 배출한 고장인 것도 알게 되었다. 흑림을 인연으로 프라이부르크의 하이데거는 내게 아주 친숙한 이름의 철학자가 되었다. 그런데 20세기 건축가들은 왜 나치에 부역한 이력의 이 철학자를 매번 언급하는 것일까? 철학자의 저작 〈존재와 시간 Sein und Zeit〉이 현대건축가들을 부르는 것인가? 미국에서도 유럽에서도 또 일본에서 도 건축 이야기에 하이데거는 빠지지 않는다.

프라이부르크에서 남쪽 산길로 30~40분을 달려 나오는 토트 나우의 정상에 하이데거의 오두막이 있다. 도시의 60%가 숲 인 이곳은 트레킹할 수 있는 갈래 길이 많고 겨울철 스키 슬로 프도 가까이 있어 차로 철학자의 집을 찾기가 쉽지 않다. 흑 림 근처에 살고 있는 내 친구들도 나를 제대로 안내한 적이 없 었다. 가는 길목에도, 어렵게 찾은 오두막집에도 아무 표시가 없었다. 철학자의 오두막은 독일, 스위스 산간 지역에서 만나 는 평범한 집이다. 벽에는 온통 원목의 중심을 향해 직각 방향 으로 반듯이 제재한 가문비나무 판재를 붙였다. 산골 동네 목 수 솜씨일 터인데 무늬 결을 보니 한결같이 수직으로 곧았다. 예사 정성이 아니다. 이런 디테일 앞에서는 걸음이 저절로 멎 는다. 흑림 깊은 시골 동네의 그 목수에게 깊은 경의를 보냈 다. 이렇게 한 방향으로 반듯한 판재는 수율收率이 낮아 생산 단가가 현저히 높지만 뒤틀리지 않고 안정적 상태를 오래 유 지한다. 누가 이런 작업을 알랴마는 목수의 명예라는 것, 외진 흑림 정상부에 여름 비바람, 겨울 폭설 속에 서 있는 철학자의 오두막집은 처음 지은 모습 그대로 있었다.

2018년 베니스 건축 비엔날레의 '생각을 위한 기계Machines for Thinking, Machines a Penser'는 프라다 재단의 전시관이었다. 〈악마는 프라다를 입는다〉의 그 프라다가 '생각의 기계' 전시를 기획했다. 여기의 '기계'는 분명 건축가 르코르뷔지에의 기계를 패러디한 것일 터이다. 1920년대 파리에서 현대건축의 전방 수비수는 '집은 사람이 사는 기계'라며 전통 건축에 도전하였다. 20세기 근대건축의 시작이다.

프라다가 기획한 기계는 철학자 하이데거, 비트겐슈타인, 아도르노의 오두막집이었다. 세 철학자는 지난 세기 히틀러의 나치 정권과 깊은 관계가 있었음을 기획자가 놓치지 않았다. 20세기 유럽 대륙 열강의 전쟁 참화는 나라와 민족 간 사회, 정치, 외교, 권력 변동에 국한되지 않았다. 철학, 과학, 종교, 예술, 건축에도 크나큰 충격과 영향을 주었으니 제1, 2차 세계대전이다.

하이데거는 프라이부르크 대학 총장으로 나치를 지지하였으나 비트겐슈타인은 영국에, 아도르노는 미국에 정착한 디아스포라Diaspora 팔레스타인에서 추방된 유대인. 본국을 떠난 민족, 이주민. 추방되거나 망명, 자발적 은거가 그들의 사상과 지적 생산에 오히려 도움이 되었다는 것이 전시 기획자의 의도였다. 삶이란 참으로 아이러니. 나는 사업차 수없이 흑림을 여행하면서도 늘어갈 수 없었던 흑림 토트나우에 있는 하이데거의 오두막을 베니스 비엔날레 전시관에서 내부를 보았다.

"선택하였거나 강제를 당하였던 깊은 사상을 잉태한 장소. 고독한 오두막집, 근원적 건축 형태는 세대를 뛰어넘어 예술가, 건축가들에게 마르지 않는 영감의 근원이 되었다." 프라다의 설명이다.

이 전시관은 관람자의 사유를 무한정 넓혔다. 역사 코너에 4세기 광야의 교부教父 성 제롬Jerome 로마가톨릭교회 신학자이자 4대 교부 중 한 명을 그린 페인팅과 판화도 붙여두었다. 알브레히트 뒤러 독일 미술의 아버지로 불리는 화가의 판화에 성 제롬은 소반 크기의 책상 위에서 열중하며 무엇을 쓰고 있다. 그 그리스 성경을 라틴어로 번역하여 서방 기독교에서 성경을 편히 읽게 한 번역자다. 시리아 사막에 은거하며 금욕적 수도자로 살다 간 그를 사람들은 '광야의 제롬'이라 불렀다. 로마가톨릭, 그리스정교, 영국성공회, 루터파 모두가 성 제롬을 그들의 교부로 숭상한다. 전시관 바깥 벽에는 유토피아 타이틀이 붙어 있었다. 자세히 보니 후토피아Hutopia. '오두막Hut'에다 '토피아topia'를 붙였다. 고독한 오두막집, 영감의 근원이 되었던 장소. 밀라노의 패션

하우스 프라다가 고립된 오두막집을 베니스 건축 비엔날레에서 유토피아로 불러내다니 놀랄 수밖에. 이 기획의 바탕은 어디에서 출발했을까?

하이데거의 에세이 〈짓기 거주하기 사유하기$^{Bauen\ Wohnen\ Denken}$〉를 현대건축가들은 곧잘 인용한다. 하이데거의 에세이는 거주^{dwelling}라는 개념의 터가 되었다.

오두막의 하이데거는 이렇게 썼다.

깊은 겨울밤

사나운 눈보라가

오두막 주위에 휘몰아치고

모든 것을 뒤덮을 때야말로

철학을 할 시간이다

고립된 오두막에서야 사유가 가능하다. 수도자 성 제롬은 광야에서 신의 말씀을 번역했다. 어느 해 1월 흑림 토트나우의 눈 덮인 언덕에서 올라온 길을 내려다보니 전나무, 가문비나무 둥치 이외는 천지가 하얗다. 이 고독한 장소의 오두막집이 철학자에게는 유토피아였다. 건축^{building}이 유토피아^{dwelling}를 만든다[thinking]. 가문비나무 판자 촘촘히 붙어 있는 집, 철학자가 거주하고 사유했던 곳. 고독한 오두막집은 철학자에게 마르지 않는 영감을 주었다. 전시를 기획한 프라다가 놀랍다. 하이데거는 "언어는 존재의 집이다"라고 말했다. 그의 언어는 고독한 흑림 오두막집에서 나온 것.

하이데거의 오두막

프라이부르크, 흑림의 하이데거, '짓기 거주
하기 사유하기'의 사상은 프라이부르크에서
더 깊은 흑림 속 토트나우에 있다. 안내판이
없어 현지인들도 매번 길을 놓친다. 1922년
부터 하이데거는 이 오두막에 머물며 존재와
시간을 썼다. "눈 내리고 고립된 시간은 철학
을 할 시간이다", 그러면 이 오두막은 철학을
하기 위한 공간이다. 고지대 흑림의 눈 내린
겨울에 누구도 접근할 수 없었을 것이다. 오
두막 뒤에 전나무, 가문비나무만 시커멓게 서
있다.

토굴에 삽니다

현장법사가 머무는 당나라 장안長安 당시 수도로 현재 지명은 시안을 찾아 나선 원효와 의상, 날이 어두워져 토굴에서 잤는데 그렇게 편할 수가 없었다. 깨어나니 무덤이었다. 이튿날 그 무덤에서 하루 더 잠을 청하였더니 귀신이 오락가락하여 잠들지 못했다. 진리가 어디 내 바깥에 있을까, 모든 것은 내 마음이다. 원효대사는 당나라 구법행을 포기했다. 우리가 잘 아는 이야기다. 원효대사 에피소드는 토굴이 등장하는 이야기 중 가장 드라마틱하다. 한국 현대사에서 토굴이라면 빨치산 남부군의 지리산 근거지, 해방 후 남한 단독 정부 수립에 반대해 제주도에서 일어난 4·3항쟁의 한라산 중산간 매복지가 먼저 떠오른다. 또 '토굴 같은 곳에 산다', '토굴 같다'는 묘사는 거처 하나 변변치 않다거나 참으로 막다른 삶의 형편을 봤을 때 사용하기도 한다.

"토굴에 한번 오시게." "새로 토굴 하나 장만했습니다." 나는 일상생활에서 토굴이란 말을 조계종의 스님에게 처음 들었다. 아주 자연스럽게 당신의 거처를 토굴이라 했다. 절집이라는 말도 마찬가지다. 산수 유람 건축 기행으로 가람을 찾았을 뿐 불교와 무관하게 살아온 자에게 절집이란 용어는 생경했다. 사寺, 요사채, 도량, 가람, 정사, 사원은 구별 없이 평소에 쓰는 말이며 중국, 일본에서도 상용하는 한자다. 그런데 집을 일러 '토굴'과 '절집'이라 하니, 용어가 생경하였다.

어느 해 봄 호압사 주지 우봉 스님이 강원도를 다녀가셨다. 수년 전 내촌목공소 가구 전시회 오프닝에서 스님을 만난 적이 있었다. 가사袈裟를 걸친 스님이 서울 도심 갤러리에 오셨으니 많은 사람들 가운데서 눈에 띄어 기억한다. 인연일까, 우봉 스님은 강원도 우리 집에 온 그날 막 내 책 〈나무의 시간〉 첫 페이지를 열었단다. 나눌 이야기가 궁색했던 내가 불교와 연관을 찾아 간신히 춘원의 〈이차돈의 사〉 그리고 〈원효대사〉를 동원했는데 절집의 스님은 한국 근현대 문학사를 꿰차고 계셨다.

스님이 들려준 호압사 절터 이야기가 놀라왔다. 불교에 무지한 사람에게도 스님의 이야기는 벼락처럼 다가왔다. "무학대사가 잡은 터라고 합니다. 호암산 호랑이 형상이 새 도읍지 한양을 위협하는 걸 누르기 위해 호압사를 세웠습니다. 호압虎壓이라, 호랑이를 누른다. "호압사 절터를 호랑이 심장에 두지 않고 꼬리에 둔 것은 죽이지 않고 함께 살자는 거지요. 이것이 한국 불교입니다."

조선의 개국이 1392년이니 무학대사는 14세기 인물이다. 혁명에 성공한 이성계는 고려 왕조와 정치·사회적으로 완전한 결별을 천명하고 불교를 철저히 배척하였다. 배불숭유排佛崇儒 정책이다. 불교를 대신하여 유교가 새 나라 조선의 건국이념이 되었다. 그러면서도 태조 이성계는 무학대사를 왕사로 모시고 새 도읍지 물색에 나섰다. 아이러니라고 할 수밖에. 대사가 새 왕도의 수도로 인왕산 아래를 제안했다고 전하니 지금의 서울이다. 유독 서울 근처에는 무학대사가 잡은 터라는 전설이 여럿 전한다. 서울 시흥동 호압사도 그중 하나다.

서양 세계사는 피렌체의 시인 단테 알리기에리를 르네상스 태동의 가장 중요한 인물로 적어두었다. 단테도 무학대사와 같은 14세기 인물이다. 시인은 소크라테스, 플라톤, 마호메드, 누구든지 그와 종교가 다른 이는 모두 유황불 화염 속으로 보낸다. 〈신곡〉 '지옥 편'이다. 그런데 14세기 우리 땅에는 무릇 맹수와도 상생해야 한다는 불교 정신이 퍼렇게 살아 있었다.

이미지를 기억하는 분이 있는지. 아프리카 밀림을 헤집던 헤밍웨이, 작가의 거실 벽에는 사자 표범 머리 박제가 가득했다. 1950년대 헤밍웨이는 〈노인과 바다〉를 출간한 후에도 아프리카행 비행기에 올랐다. 20세기 초 미국 시어도어 루스벨트 대통령26대 대통령. 뉴딜 정책으로 유명한 32대 프랭클린 루스벨트 대통령의 삼촌은

아프리카 사파리 여행에서 야생동물 1만 1000마리를 잡았다
죽였다는 기록도 자랑스레 남겼다.

세계야생동물기금^{WWF}. 판다를 마스코트로 한 세계 야생동물
과 자연보호 국제기구다. 1960년대 서구의 지식인 그룹이 야
생동물 보호를 주제로 연대한 결과다. 14세기 한국 불교의 정
신과 비교해보자. 스님이 이야기한 호랑이와 사람의 상생, 21
세기 WWF의 야생동물 보호 정신과 한 치도 다르지 않으니
한국 불교가 놀랍지 않은가.

2017년 여름, 낮 기온 40도까지 올라가는 땡볕에 시안^{西安}과
핑야오 고성^{平遙 古城}을 다녀왔다. 시안과 고성 간 고속철이 지
나가는 데 대륙의 황토고원이 펼쳐져 있었다. 일행 중 역사학
도 한 사람이 설명하기를 황허강 중하류 산시성^{山西省}, 산시성
^{陝西省}, 허난성, 허베이성 일대에 황토 두께가 200m에 이르는
지역도 있다고 한다(한반도의 평균 표토 두께는 30cm다). 노르웨
이 가파른 피오르의 정적, 그랜드캐니언의 광대함과 달리 비
옥한 붉은 황토가 풍성하여 무엇이든 무한히 생산할 수 있어
보였다. 이 황토는 어머니의 땅이 되어 세계에서 가장 많은 인
구가 터 잡아 살아온 것이다. 황허강 유역의 황토 지대가 중원
^{中原}이다. 중원에서 시작하여 동서남북으로 차츰 확장하며 오

늘의 중국이 되었다. 6000~7000년, 아니 1만 년의 두께를 가진 고원의 풍경을 나는 사진도 찍지 않고 눈과 마음에 담았다. 황허강이 굽이쳐 지나는 곳, 여기 황토 흙이 강을 타고 서해에 이른다(나는 황해 바다로 부르는 것에 더 익숙하다).

핑야오 고성 가까이에는 아직 관광지로 널리 알려지지 않은 장비구바오張壁古堡가 있다. 산 위의 자그마한 옛 마을 옆 벼랑에는 켜켜이 파 들어간 토굴집이 있었다. 지하의 행로가 로마의 카타콤Catacombs 고대 로마의 지하 묘지, 터키 카파토키아Cappadocia 터키 중부와 아시아 대륙의 남부에서 발칸반도에 이르는 산악 지대의 고대 지명 지하도시와 흡사하였다. 장비구바오는 산을 이룬 황토에 길이 3000m의 통로를 가진 요새였다. 황토 고원의 정상부에 자리한 남북조 시내의 군사시설은 선사 이래 터 잡아온 인류의 동굴 집에다 더한 게 분명하다.

동굴 움집이 인류 최초의 주거지라면 이곳 토굴은 사람 손으로 만든 황허문명 발상지의 집이다. 황토고원에 서니 흙집과 명당 고르며 따지는 '혈穴'의 뜻이 이해되었다. 풍수에서 길지吉地라는 혈을 황허강 유역 황토 지대에서 보았다. 혈은 흙집土室也이라 〈설문해자說文解字 중국 문자학의 고전〉는 설명한다. 우리 전통문화 풍수가 여기에서 왔구나. 움집을 지을 수 있는 황토 터가 명당이요 길지였다. 중원의 혈 길지가 우리 전통 풍수가 되이 조상의 신체는 반드시 황토가 나오는 터에 매장하라 가르쳤다.

여기는 서역의 불교가 동쪽 한반도와 일본열도로 이동하던 경로다. 신라의 혜초 스님은 바닷길로 오천축국[인도]에 이르렀고 귀로는 둔황[敦煌]석굴과 내가 서 있는 황토고원을 지나 장안[시안]으로 들어갔다. 나는 비행기로, 고속철로, 택시를 타고 시안에서 여기 황토 토굴까지 왔다. 혜초 스님은 어느 토굴에서 머무셨을까? 토굴 벼랑에 서니 세찬 골바람이 불었다. 황토고원 동쪽 위로는 윈강[雲崗]석굴, 아래는 백마사와 룽먼[龍門]석굴이다. 이 바람은 서해를 건너 경주 남산의 석굴암에도 이를 것이다.

그의 공간을 '토굴'이라 낮춘다. 언사는 고스란히 그의 철학일 터이니. 원시 토굴보다 더 초라한 집은 없다. 내 집을 토굴이라 부르는 스님. 내 사는 집을 부르기로 이보다 더 아름다운 말이 있을까?

카파토키아

현재 카파토키아는 터키의 영토이나 역사에서 그리스, 페르시아, 로마, 아르메니아, 아랍의 강역이었거나 그들에게 바람처럼 스쳐가기도 하였다. 이민족의 침입을 대비해야 했던 카파토키아 지역 사람들. 화산재가 쌓인 응회암이 그들의 피신처가 되었다. 카파토키아에서 가장 규모가 큰 지하 도시는 데린쿠유로 최대 2만 명이 살았을 것이라고 추정한다. 기원전 7~8세기부터 만들기 시작한 지하 도시에는 곡물 저장소, 예배당, 학교, 식당, 감옥도 있었다. 카파토키아는 이 지역의 초기 기독교도들에게도 신이 선물로 주신 피난처. 외부 세력의 침략과 박해를 피하여, 자신들의 공동체를 유지하기로 카파토키아 지하 도시는 최적의 장소였다.

카타콤

카타콤은 로마 성 밖에 무덤으로 사용하기 위하여 만들어진 지하 통로다. 기독교도들이 박해를 받던 시기에는 피신 장소로도 사용됐다. 원래 카타콤은 로마의 지하 묘소를 부르던 이름이었으나 지하 동굴 주거지, 왕들의 대규모 지하 묘역 등으로 뜻이 확장되었다.

다정하고 고요한 건축

시선이 샅샅이 미치기도 전에 좋은 공간은 내 몸이 먼저 안다. 건축 내부로 미처 발을 딛기 전, 바깥에서 보는 조형과 색이 바랜 벽, 안정된 지붕이 전달하는 힘은 무엇인가? 건물이나 집 안으로 들어서 안정감을 느끼며 조화로운 기운이 가득할 때 내 근육은 느슨해지고, 또 어떤 건축은 내부가 창조하는 빛과 침묵으로 내 숨을 순간 멎게도 한다.

렘브란트의 빛이, 벨라스케스의 「시녀들 Las Meninas」 이야기가 아무리 시선을 붙잡아도 건축에 비할까. 시칠리아 팔레르모의 몬레알레 대성당과 체팔루 대성당 광장에서는 갈릴리 호숫가 어부들이 내 옆에 왁자지껄 서 있는 듯하였다. 시골 장터를 방불케 하는 작은 광장을 끼고 있는 몬레알레 성당과 체팔루 성당은 겉에서 어떤 기대도 주지 않고, 방문자를 어슬렁 걸어 들어오게 두었다. 몬레알레와 체팔루는 바티칸 대성당과 피렌체의 두오모와 견준다면 아예 건축의 디테일이 없다고도 하겠다. 조형은 완전하지 않고 바닥과 벽과 천장 연결 부위의 일관성도 부족하다. 건축을 설명하며 디테일, 디테일에 온 힘을 주어 지적하던 자들은 누구였나? 누가 신은 디테일 안에 있다고 했는가? 디테일의 결여에도 불구하고 건축이 주는 감동은 깊어 저 교회당에서 기도를 하면 나도 갈릴리 어부처럼 그물 버리고 천상으로 솟구칠지 모르겠다는 생각이 든다. 교황과 메디치 가문의 대성당과 수도원, 중세 부자 도시 베네치아의 산 마르코 광장을 둘러싼 건축은 넘치고 넘치지만 시칠리아의 작은 성당은 모자라고 빈약하였다. 나는 왜 이 빈약한 무명씨의 건축에 더 마음이 가는가. 무엇 때문일까. 건축이 내 어깨에 손을 올린다. 다정하다. 감춘 것 없이 그대로 드러낸 건축의 힘은 크다. 대가의 구름 피어나는 천장화와 화려한 벽화도, 그리니치 대영제국 해군 본부 교회의 디테일도 다정하고 조용한 건축을 넘지 못한다. 그 건축은 사람의 시선을 낚아채지도 않으며 설명하거나 가르치는 법도 없다. 그래도 내 몸은 알아차린다. 여기서 민중은 위로받고 시인은 노래했다.

미켈란젤로의 어느 역작에도 나는 별 감동이 없었다. 피에타는 희고 수려했을 뿐 아들을 안고 있는 어머니 마리아의 슬픔은 도무지 전달되지 않았다. 오래전 가톨릭 교황님의 장례 미사를 CNN으로 본 기억이 아직 생생하다. 흰색, 황금색, 빨강이 섞인 긴 전례 예복 행렬은 세기의 결혼식이라던 영국 황실의 행사가 무색할 만치 화려했다. 바티칸 수뇌부와 세계의 추기경들이 화면에 가득했다. 눈이 부신 교황 운구 행렬은 대성당 안의 피에타를 지나 광장에 모습을 나타냈다. 맨 앞으로 십자가, 골고다 언덕길을 재연한다. 아, 황금이나 사파이어로 장식한 산호 조각 십자가가 아니기를. 십자가의 고난을 당했던 그분은 세상에서 가장 초라한 곳으로 오셨다. 흰 대리석 피에타와 앙증맞은 아기 천사들이 뿔피리 불며 나르는 바로크 미술로 장식된 대성당은 언제나 내게 낯설다. 갈릴리 호숫가를 지나던 분도 편하게 머물 공간 같지는 않다.

중세 거장의 건축과 작품에서는 비슷한 감정을 느낄 때가 많았다. 화려하며 완벽한 저 디테일을 완성하기 위하여 화가와 목수 그리고 석공, 또 얼마나 많은 조수들의 손이 동원되었을까, 이런 생각이 늘 앞선다. 그뿐이 아니다. 누가 내 면전에서 내촌목공소 작업의 디테일에 칭찬을 아끼지 않으면 나는 "모두 비용이지요" 이렇게 대답한다. 오랜 해외 경력을 가지고 낯선 한국에 갓 정착한 한 건축가는 내촌목공소 집과 가구의 디테일을 '집약적인 공예적 요소를 지닌 작업'이라며 감탄했다. 나는 이 또한 같은 이유로 내심 칭찬이라 생각지 않는다. 작업에 들어간 비용을 나는 안다.

우리 시대 최고 건축가 중 한 사람으로 인정받는 스위스 건축가 페터 춤토어. 그는 건축의 시인이라는 칭송을 듣는 분이다. 작은 명상 공간을 계획하며 그에게 협업을 제안했다. 2021년

하반기부터 나는 문인 지원과 독서 운동을 전개하는 소전문화재단의 문인 빌리지 프로젝트의 건축 감독을 맡고 있다. 이 프로젝트의 공간 작업 하나에 페터 춤토어를 불렀다. 프로젝트의 개요를 설명하러 스위스 할덴슈타인 그의 아틀리에로 건축가 주희성과 내촌목공소 목수가 찾아갔다. 금년 1월 코로나 바이러스로 해외여행은 출국도 입국도 쉽지 않을 때였다. 건축의 시인은 "10년을 기다리겠느냐? 그때까지 내가 살아 있을까?" 이러더란다. 그런데도 세상은 건축가 춤토어의 치열한 작가 정신에 상찬賞讚을 멈추지 않는다. 10년이라, 나는 시간의 비용을 생각했다.

쾰른에 이 스위스 건축가의 이름을 세계적으로 알린 콜룸바 미술관이 있다. 제2차 세계대전에 폐허가 된 교회 터에 세운 미술관이다. 내가 만난 여러 건축가, 사진가, 문화계 인사들이 콜룸바 미술관 건축의 디테일과 건축에서 받은 감동을 이야기했다. 어쩌나, 콜룸바 미술관을 보는 나의 감동은 바티칸 미켈란젤로의 하얀 대리석 피에타 앞에 섰을 때와 다르지 않았으니. 콜룸바 미술관 계단과 손잡이, 작은 쉼 공간으로 들어가는 나무 문, 내부 벽의 무늬목, 바닥과 벽이 만나는 부위, 건축가들이 언급하는 디테일이다. 세속을 벗어나지 못하는 나는, 온 사람들의 감동이 머물러 있는 건축물 안에서 "쾰른 대교구 신부님, 교인들 헌금이 엄청났네요" 이렇게 말하고 있었다. 고백건대 나는 그런 건축의 디테일에 감동받지 않는다. 나도 집을 짓는 사람, 저것은 비용이며 시간의 값이다. 저토록 미세한 디테일을 얻기 위한 현장의 작업 하나하나 공정이 내 눈에 어른거린다.

번쩍거리는 일류 호텔과 리조트, 명작이라는 이름의 분양 주택보다 어설프고 궁색하여도 진심을 다한 작업 앞에서 고개가 끄덕여질 뿐이다. 건축가들이 주로 사용하는 클리셰^{cliché} 판에 박힌 문구, "신은 디테일 안에 계신다." 비용으로 디테일을 완결한 것이 확연한 건축. 이를 경탄하는 시중의 목소리에 나는 수긍하지 않는나. 신은 가난한 건축에 머문다는 것을 나는 안다. 이렇게 기록되지 않았는가? "가난한 자는 복이 있다. 천국은 그의 소유다."^{〈마태복음〉 5장}

요즈음 디테일이라는 단어가 건축, 미술, 영화 그리고 사람을 평가하면서도 '완벽하다'에 더하여 '쿨하다'는 의미로도 쓰인다. 그의 작업에 "디테일이 있다"는 댓글은 최고의 헌사가 되었다. 건축가, 문화계 인사, 각 분야의 전문가들이 명망 자자한 거장 건축가의 작업 앞에서 한목소리로 건축의 디테일에

입을 모은다. 이런 팬덤을 마주할 때마다 나는 저 작업의 비용을 지불한 교구 신도, 기업을 일군 창업자, 그리고 공공 건물일 경우 세금을 낸 시민들을 떠올린다. 비 오는 날 산사에 드리운 짙은 색깔이 사위를 감싼다. 시간이 정지해 그냥 머물고 싶다. 중국 윈난성, 구이저우성 숲속의 소수민족 마을, 태고의 풍경은 저러했을 것이다. 닭만 뛰어다니는 마을로 홀려서 들어갔더니 모두 삼나무 판잣집이었다. 문명의 목재 구조 건축보다 한층 앞선 솜씨의 나무 집 마을이 하늘만 보이는 골짜기에 있었다.

몬레알레 성당과 체팔루 성당에는 이름 남기지 않은 시칠리안의 나무 다듬던 소리가 들리고 무어인과 바이킹 Viking 8~11세기 유럽과 러시아를 침입한 노르만족에 이리저리 밀려다녔던 부평초 浮萍草 인생 석공들의 땀 냄새가 나며 널마루 놓는 목수의 해진 바지도 보인다. 거장의 작업 앞에 종래 등이 곧추서다가 이 무심한 것의 온기에 얼굴을 가까이 하고 손도 슬그머니 올린다. 디테일 없이도 다가오는 힘을 가진 건축이 있다. 눈이 보고 이성이 판단하기 전 나의 오감이 먼저 느끼는 공간. 건축가도 석공도 이름하나 남기지 않았다. 그가 완성한 건축, 다정하구나. 신도 여기에서는 쉼을 얻을 것이다. 어디 건축만 그러할까.

체팔루

시칠리아 북쪽, 시칠리아에서 가장 정다운
도시 체팔루가 있다. 체팔루는 영화 〈시네
마천국〉의 촬영지다. 어린 토토가 달음박질
하던 골목길이 거기 있다. 자그마한 대성당
은 바이킹 노르만의 건축이라고 하는데 아랍
의 모스크로 지었다 해도 되겠다. 시칠리아
는 그리스, 로마, 노르만, 아랍, 비잔틴, 지중
해 문명의 흔적을 그대로 간직하고 있다. 경
이로운 중세 건축 거리도 없고, 대성당의 외
관도 그렇게 수수할 수가 없다. 체팔루 대성
당 천장의 황금 모자이크는 사람 솜씨가 아
니라 하늘의 빛을 옮겨온 듯했다. 아침에도
오후에도 어두운 밤에도 사람 소리로 시끄러
운 그곳에는 사람이 살고 있었다.

몬레알레

팔레르모 남쪽 언덕 마을이다. 시칠리는 흥미
로운 지역이다. 몬레알레는 무슬림, 비잔틴,
스페인, 롬바르드, 프랑스 유대 문화가 혼재
한다. 모자이크로 유명한 몬레알레 대성당은
노르만족의 건축이다. 그런데 천장의 문양은
이슬람, 수도원의 회랑은 알람브라궁전을 능
가한다.

관광은 몬레알레, 만약 거주를 한다면 체팔루
를 택할 것 같다. 내 눈에 체팔루 대성당과 몬
레알레 대성당, 지상 최고의 교회 건축이다.
체팔루는 팔레르모 동쪽으로 30~40분 바닷
가에 있다.

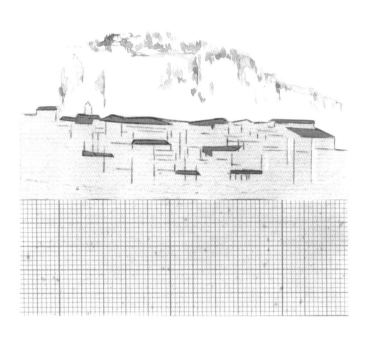

바우하우스 데사우

1919년 독일 바이마르에서 예술 학교 바우하 우스가 시작되었다. 초대 교장은 건축가 발 트 그로피우스. 바우하우스의 두 번째 캠퍼 스가 데사우다. 제2차 세계대전 후 데사우는 사회주의 동독의 영토였으니 서방 진영은 데 사우에 접근할 수가 없었다. 세 번째 캠퍼스 를 베를린으로 옮겼으나 히틀러 나치 정권의 압력으로 폐교하고 교직원은 뿔뿔이 흩어졌 다. 베를린 시절의 마지막 교장 미스 반데어 로에는 미국 시카고를 택했다. 바우하우스가 20세기 모더니즘에 준 영향은 실로 컸다. 바 우하우스의 창립 선언문은 이러했다. "모든 예술의 궁극적 목적은 건축이다."

3

집에 머물다

집을 부르는 말

우리말 '집'은 어디에서 왔을까? '짓다'의 어근 '짓'이 집의 옛말이라 한다. 인류는 동굴에서, 나무 위에서 살다가 움집을 거쳐 나무 집을 지었다. 한자의 學^{배울 학}을 살펴보면 사내^f가 풀로 지붕을 잇고 있는 모양이다. 지붕 잇는 것을 배운다는 의미다. 지붕은 집 전체만큼이나 이야기가 풍성하다. 집의 지붕은 하늘이며 우주다. 삶을 보호하는 의미로 지붕을 가졌다고 표현한다. 지붕 잇기를 배우고 또 집을 짓는 것. 집 짓기가 건축이다.

우리 옛말에 "집은 남이 지은 것을 사고 나룻배는 직접 만들어라"라는 말이 있다. 집 짓는 것이 배를 건조하는 것보다 힘들다는 의미이겠다. 집 짓기는 인간과 우주 삼라만상의 문리를 깨치는 행위, 집 세 채를 지어보면 세상 문리를 꿰찬다고도 했다.

중국, 한국, 일본. 동아시아 세 나라는 문자의 뿌리가 같으니 집을 뜻하는 한자가 다르지 않다. 家^{집 가}는 지붕 밑에 돼지가 있는 형상이다. 그렇다면 고대 중국에서는 집집마다 돼지를 키웠거나 그만치 돼지를 귀히 여겼나 보다. 屋^{집 옥} 자도 있다. 큰 집이라는 뜻이다. 큰 집은 주검^尸이 머문다^至며 흉하게 풀어 해석하는 이도 있다.

면면히 우리 조상들은 작은 집에 대해 높은 가치를 가지고 있었다. 작은 집을 지키는 선비 정신은 한국 반가의 전통이었다. 경화세족京華世族이나 조선 말기에 이르러 종로통 중인들이 사십 칸, 아흔아홉 칸 집을 자랑했던 경우도 있지만 중국, 일본에 비하여 우리네 집은 아주 작았다. 큰 집, 屋옥은 없었다. 요즈음 옥屋 자를 쓰는 곳을 보면 다분히 일본풍이 아닌가 하는 의심도 든다. 이자카야居酒屋의 '야'가 한자 屋옥이다. 작은 집은 숨舍를 썼다. 작은 집은 운이 따르는 집이다. 사람人이 길吉 위에 있으니 운 위에 산다. 글자 모양이 그러하다. 복을 원하면 작은 집으로 바꾸시라. 이 땅 이곳저곳 오랜 명가의 현판을 살펴보라. 셀 수 없는 숨집舍 자. 작은 집을 뜻한다. 옛말을 또 빌려오면, 실속 없이 허세 부리는 이에게 "집치레 말고 밭치레 하라" 했고 "가난한 놈이 기와집 짓는다" 했다. 내 집에 손님을 모실 때는 "사하舍下에 묵으십시오." 내 집을 작은 집舍으로 낮추며 아래 하下까지 붙였다.

한국 사회 여성성의 깊은 뿌리가 집 이름에 남아 있다. 우리네 전통에서 페미니즘이 얼마나 생생하게 살아 있었던지 옛 호칭으로 살펴보자. 집마다 호칭이 있어서 무슨 댁宅으로 불렸다. '무슨'은 그 집 아내의 출신 고을이나 지역 이름이다. 즉 어머니의 친정이 여주면 여주댁, 출신 동네가 교동이면 교동댁이었다. 결혼한 남자들은 부인의 출신지로 불렸다. 여주 할아버지, 교동 아저씨, 이렇게 말이다.

이제 집의 구성원도 현저히 변했다. 대가족에서 부부와 자녀 둘이더니 어느새 1인 세대가 다수란다. 세태와 함께 집이 진화한다. 10년 전쯤 셰어 하우스$^{\text{share house}}$라는 생소한 용어를 강미선 교수$^{\text{이화여대 건축학과}}$로부터 처음 들었다. 일본에서 듣고 보았던 공유 주택과 별반 다르지 않았다. 집을 함께 사용한다. '초고령화가 진행되고 있는 일본 사회의 지혜처럼 대한민국도 머지않아 공유 주택이 일반화되겠구나' 싶었다. 많은 전후 세대는 여러 형제와 조부모까지 대가족이 한집에 살았으니 노인 문제와 아이들의 양육, 교육까지 집안 식구만으로 해결할 수 있었다. 할아버지, 할머니는 손자를 돌보았고 장성한 손자가 집안의 조부모 병수발을 드는 것도 흔한 풍경이었다. 그런데 부모와 조부모도 모셨던 전후 베이비부머 세대는 대부분 자녀가 한둘이다. 이제 가족 구성원만으로 고령화 시대의 돌봄 서비스를 해결하기가 불가능해졌다. 그러니 남들끼리라도 집을 공유하며 상부상조하는 일상은 시대의 지혜로도 보인다. 더구나 1인 세대가 국민 전체의 23%를 넘었다 하니 셰어 하우스는 미래 주거의 대안이 될 법하다. 공유를 연구하던 건축학자는 제주도 고산에다 십여 명의 지인들과 주말 집을 만들었다. 공유 별장이다. 공유 주택을 직접 체험하더니 이태쯤 지나 강릉에다 같은 개념의 셰어 하우스를 또 마련했다. 그야말로 소액의 예산으로 마련한 제주도와 강원도의 주말 집으로 그이의 삶이 더욱 풍성해진 것은 물론이다. 집은 이렇게 다양한 모습으로 변화, 진화하고 있다.

이런저런 형국으로 '집 안에서'라는 고즈넉한 수식어도 곧 사라질 듯하다. 모든 일은 '집 밖'에서 일어난다. 비즈니스는 당연하고 가족 모임도 집 밖에서다. 예전에는 병원에서 위중하여 생명 연장이 곤란하다고 판단하면 환자를 집으로 모셨다. 집 밖에서 운명하면 객사다. 집 밖의 혼이 구천九泉을 헤맬까 두려워했기 때문이다. 이제 상황이 반대다. 살아 있든 죽어서든 병원으로 간다. 필부필부匹夫匹婦에서 전직 대통령, 재벌, 문인, 예술가, 누구든 장례식장은 어느 병원이다.

시애틀에서 출발한 커피 가게 스타벅스가 요즈음은 커피만을 팔지 않는다. 문화를 판다면서 서울 인사동, 교토, 밀라노에서 향토색 감성팔이를 내세운다. 스타벅스는 실내 공간을 아예 '집 밖의 집'으로 포지셔닝했다. 집 안채의 규방 문화와 사랑방의 고담준론이 잊힌 지 오래다. 미국산 스타벅스가 아낙들 빨래터와 사랑채 공간까지 떠맡겠다고 나서는 형국이다. 스타벅스에 들어가면 중간고사를 준비하는 대학생이, 취업 준비생이, 30대 남녀가 따로 앉아 노트북 자판을 두드리고 있다. 외근 중인 기자도 스타벅스에서 토막글을 쓴다. 스타벅스는 집밖의 거실이자 서재가 되었다. 커피 가게가 집의 분위기를 팔고 있다. 우리는 이제 완벽한 신인류, 새로운 행태의 유목민이 되었다. 집의 양식, 구성원이 바뀌고 하늘과 땅도 새것으로 성큼 다가올 것 같은 시절에 아직도 움집, 사랑채, 각하 얘기를 하다니, 밀레니얼의 핀잔이 나의 목덜미를 건드린다.

집이 사람을 말한다

집이 말한다. 나는 청빈한 사람이요. 저기 한길 지나 언덕을 돌아 만나는 집은 외치는 소리가 크다. 아, 나는 힘 있고 큰살림을 갖췄다오. 그러나 그것도 내 당대의 말. 19세기 프랑스의 저명 문필가이자 한때 쇼팽의 여인이기도 했던 조르주 상드는 "당신이 원하는 집이 초가집이냐 궁전이냐 내게 얘기해주오. 그럼 나는 당신이 어떤 사람인지 분별하겠소"라는 유명한 이야기를 남겼다.

왕, 영주, 신흥 부르주아, 태어난 마을 이외에는 일생 다녀본 적 한 번 없는 농부, 누구든 간에 그들이 남긴 궁전, 성, 교외의 별장, 억새 지붕의 오두막집에서 후세 사람들은 거기 살았던 이들의 인생 궤적을 읽는다.

중국 산시성 교가대원喬家大院에서는 누대에 걸쳐 중국 대륙에서 유통으로 축적한 교씨 가문의 엄청난 부를 읽을 수 있다. 버지니아 출신 조지 워싱턴의 저택마운트 버넌과 토머스 제퍼슨의 콜로니얼양식 저택몬티첼로을 보면 미국 독립전쟁은 식민지 유력 가문들의 재산을 본국 영국으로부터 지키려는 운동이 아니었나 싶은 의구심이 들 정도다. 미국 독립운동 지도자들이 살던 집은 동시대 유럽 전통 귀족 영주들이 주거하던 성에 비하여도 결코 작은 규모가 아니다. 식민지 지도자들은 대부분 대규모 농장을 소유한 가문의 자손들로 노예무역의 혜택을 한껏 누렸다. 식민지 시대 미국은 풍부한 산림자원에다 낮은 인건비로 구대륙 유럽에서보다 집 짓기가 한결 용이했을 것이다.

일본열도에 산재한 지방 번주藩主 영주들의 집도 내부 장식과 정원에 가꾼 수목 등을 보면 유럽 대륙 귀족 가문의 사치에 못지않았다. 남겨진 건축은 그들 생전의 모습을 이렇게 세세히 설명한다. 단정한 집에는 맑은 이가 앉아 있었을 테고, 수수한 공간의 주인은 대체로 담담했으리라. 위세 넘치는 건물을 유지하기 위하여 얼마나 많은 시종이 필요했을 것이며 또 에너지는 어떻게 조달했을까?

찰스 디킨스의 소설 〈황폐한 집〉은 끊임없는 에피소드와 플롯에도 불구하고 결말은 집이었다. 19세기 빅토리아시대 오대양 육대주의 해가 지지 않는 나라로 불렸던 대영제국의 런던에서 대를 물린 법정 다툼 이야기. 작중 화자 에스더가 황폐한 집을 찾으며 끝난다. 한편 톨스토이도 〈안나 카레니나〉에서 집의 풍경을 세세히 그렸다. 소설 〈안나 카레니나〉는 러시아 귀족의 저택과 그 유지, 관리 내용까지 샅샅이 전한다. 모스크바, 페테르부르크를 무대로 제정 러시아 말기 작위를 가진 전통 가문의 속살을 들여다보면 소유한 저택을 유지하기가 벅차다. 그러면서도 끊이지 않는 연회와 그들만의 사교 클럽 등 겉으로 번지르르한 등장인물들의 인생은 하나같이 허겁지겁이다. 그리고 시골로 낙향한 백작 레빈은 영지의 저택을 유지하고 건사하는 데 얼마나 집착하는지. 차라리 대지주, 백작 호칭을 훌훌 털어버리는 삶이 나을 듯 보인다.

작가로서 필명 자자했고 사교계에서도 항상 화제의 중심인물이었던 조르주 상드는 파리에 모여든 귀족, 문인, 음악가, 화가들이 현재 살고 있는 집과 앞으로 살고 싶어 하는 집으로 그의 출신을 짐작했다. 대륙의 전통 명문 귀족 출신과 예술가는 초가집을 찾고 신흥 부자는 대체로 대궐 같은 집을 원했다. 조르주 상드를 그냥 뭇 남성에 둘러싸였던 파리 사교계 여성이었다는 생각은 큰 오해다. 상드는 쇼팽을 만나기 전 이미 소설가로서 우뚝했던 인물이다. 발자크, 빅토르 위고, 플로베르, 보들레르와 가까이서, 멀리서 지냈다. 19세기 파리는 혁명의 시대, 예술 문화 세계의 수도였지 않은가. 상드가 이들과 주고받은 편지는 19세기 프랑스 서간문의 도저^{到底}한 걸작으로 꼽힌다. 독일^{프로이센}에서 파리로 이주한 카를 마르크스도 상드와 교유하며 여러 통의 편지를 남겼다. 파리의 망명 지식인들과 외국에서 유학을 온 자들은 대부분 쇼팽과 같은 보수 귀족 가문 출신이거나 마르크스처럼 시대를 대표하는 지식인 이었다.

당시 파리는 최고의 시대였으며 최악의 시대였다. 상드 주변 인사 중에 발자크의 인생 부침은 소설보다 더 소설 같다. 위대한 문학가는 허세와 사치로 파리 사교계를 쥐락펴락하였고 조르주 상드는 이 모습을 지근거리에서 지켜보았다. 문인은 관찰을 허투루 하지 않았다. 사는 집이나 살고 싶어 하는 집으로 그 인물 됨을 판단할 수 있겠다는 상드의 촌철살인. 사람이 집에 거주하는 한 조르주 상드의 격언은 유효할 것 같다.

집 이야기를 쓴다 하니 주변에서 집의 정신으로 소로의 월든 그리고 법정 스님의 수류산방水流山房을 언급한다. 둘 다 작은 집이다. 데이비드 소로의 월든 호숫가 작은 집. 소로의 손으로 완성한 작은 집은 극단적 경우다. 소로는 19세기 보스턴의 진보 지식인 그룹의 일원이었다. 알려지기로 〈주홍글씨〉의 작가 너새니얼 호손을 비롯해 〈백경〉의 허먼 멜빌, 〈작은 아씨들〉의 루이자 올컷 등이 동시대 데이비드 소로의 주변 인물들이었다.

뉴욕에서 북쪽 보스턴을 지나간 적이 있다. 단풍나무 목재를 찾아 몬트리올로 올라가는 길이었다. 4월인데 봄기운 없어 겨울옷 놓기 싫은 날씨였다. 북미 대륙에서 가장 품질이 좋은 참나무, 단풍나무가 이 지역산이다. 혹독한 겨울 날씨 때문인지 뉴잉글랜드 산지 목재는 눈매 촘촘하고 무늬 결이 선명하다. 호수 월든은 보스턴 교외의 콩코드에 있다. 매사추세츠주 보스턴 서편에 있는 작은 호수다. 월든 호숫가 북쪽 관광 센터 앞에 복제한 데이비드 소로의 집이 있었다. 한적한 숲길을 올라가니 소로 집터에는 표시석만 남았다. 소로는 책의 제목으로 익숙한 호수 이름 월든에다 '혹은 숲속의 생활'이라 덧붙여 썼다. 후대에 숲속의 사람으로 크게 알려지고 소로의 영향이 커지며 책 제목은 그냥 월든이 되었다. 데이비드 소로는 집에 들어간 자재와 비용까지 그의 책 〈월든〉에 세세히 남겼다. 집에 들어간 건축자재비는 건평 4.2평14m²에 28달러 12.5센트. 소로는 이 집에서 2년을 살았다. 그러고는 40대에 서둘러 세상을 떠났다.

월든 호수, 성지 순례하듯 소로의 작은 집을 찾는 이들에게 나는 내 오랜 생각의 일단을 꺼내어야겠다. 젊은 시절부터 지금까지 뉴욕과 미국의 최북단 메인주의 활엽수 참나무, 단풍나무, 물푸레나무 목재를 취급해온 나는 그 지역의 사계절 날씨에 익숙하다. 나는 소로가 극단주의자였다고 짐작힌다. 사상은 하늘 닿도록 드높았으나 땅 위의 거처를 너무 쉽게 생각했던 게 분명하다. 4평 정도 크기의 집을 통나무와 판자로 짓기는 아주 쉽다. 나무판자는 가볍기 때문이다. 건장한 청년 두세 사람이 1~2주일이면 후딱 지을 수 있다. 숙련된 목공 솜씨도 필요치 않고 중·고등학교 실습 시간만 거쳤어도 보통의 성인들은 거뜬히 마감할 수 있는 일이다. 하버드 출신의 수재가 가로세로 판자 치수가 힘들었을 리도 없다. 보스턴의 삭풍 부는 겨울, 그렇게 지은 집에서 소로는 한 계절이 아니라 이태를 살았다. 나라면 한 달, 아니 일주일도 못 살겠더라.

이 판잣집에서 소로는 치명적 내상을 입었거나 골병이 났을 것이다. 생전에 그는 '정의를 추구하지 않는 정부'에 대하여 시민들이 불복종해야 한다고 외쳤다. 세상은 생전의 소로를 주목하지 않았다. 사후 적지 않은 세월이 흘러 소로의 자연주의 환경, 지역학, 정치철학에 세계인이 공감하게 되었다. 환경주의자로서 자연 친화적인, 그렇게 작은 건축으로 자족한 철학자의 삶에 공감하나 내 거주할 공간에 그 정도 공력만 쏟았다는 것이 못내 아쉽다.

사상가의 청정한 일생을 결핵이 앗아갔다. 나는 많은 사람들이 자연주의자의 성소로 간주하는 월든 호숫가 작은 집에서 소로의 건축비 28달러 12.5센트를 생각한다. 파푸아뉴기니, 하와이 열대 지역 야자수 아래였다면 월든 판잣집도 괜찮았을지 모르나 북반구 미국 북동부의 기후는 엄혹하다. 혹한은 나무도 쑥쑥 자라지 못하게 한다. 다른 지역에 비하여 유달리 촘촘한 활엽수의 둥근 나이테를 통하여 나는 이 지역의 기후를 읽으며 월든 호숫가 작은 집의 데이비드 소로를 생각하는 것이다.

소로는 뉴잉글랜드의 사상가이자 시인 에머슨이 주도하던 초월주의 그룹의 일원이었다. 보스턴을 중심으로 한 뉴잉글랜드 지역은 대륙의 청교도가 신생 미국 땅에 상륙하여 처음으로 티를 잡은 곳이다. 종주국 영국에 대한 독립전쟁의 도화선이 된 사건이 보스턴 부두의 차* 사건이다. 이 지역 하버드 대학의 보수성에 반발한 하버드 출신 에머슨, 소로 등의 초월주의 사상은 독일 낭만주의가 그 바탕이다. 19세기 미국의 산업혁명과 남북전쟁 사이에 데이비드 소로를 위시한 보스턴 젊은 지식인들은 노예제도의 불법성, 전쟁 반대를 외쳤다. 숲으로 들어간 소로는 고립된 삶을 살지 않았다. 오히려 적극적 참여주의자로서 발언했고, 글을 썼다.

존 러스킨도 톨스토이도 그들 정신의 큰 연원으로 데이비드 소로의 정신을 언급한다. 월든 호숫가 4.2평 집은 얼마나 큰 공간인가? 개인의 양심을 앞세우며 자연을 노래했던 시인. 뉴 잉글랜드의 산과 들, 숲과 호수를 온전히 그의 집으로 소유했 던 사람의 직업은 교사, 페인트칠을 하는 기능공, 목수, 연필 을 만드는 시인이었다.

법정 스님은 인연 닿지 않아 책으로만 만났지 스치면서도 뵌 적이 없다. 강원도에 살면서 스님의 수류산방은 오대산 어디 라 들었고 어느 골 어느 쪽에 있는지를 모른다. 스님의 산중 외딴집은 어떠했을까? 다른 경우로 미루어 짐작해볼 뿐이다. 내가 잘 아는 어느 스님은 서울 나들이 때마다 병원을 찾는 다. 나는 산사의 스님들이 평생 살고 있는 주거 환경이 그들 의 건강과 밀접한 연관이 있지 않을까 생각한다. 이 의문은 소 로에 대해 가지고 있는 나의 생각과 다르지 않다. 봄은 벌써 왔는데 고찰 암자의 창문을 덮고 있는 허연 비닐을 볼 때마다 가슴이 무거웠던 것은 같은 산중 생활을 하는 내 안락함과 비 교가 되었기 때문이다.

세기의 사상가가 머물렀던 월든 호숫가 작은 집과 스님들이 거주하는 산중 토굴을 맥락으로 이해할 수는 있다. 이승, 저

승을 초월하여 그의 정신 안에 거주하는 이를 한사코 나의 주

거 공간과 비교한다. 내 부질없음이여.

산서성 교가 대원

교가는 산서성(山西省, 지금의 산시성) 출신
집안이고, 명나라, 청나라에 걸쳐 진상(중국
최고 지역 부자)의 몇 가문은 중국에서 소금
전매 대부업으로 대단한 부를 축적하였다. 이
들 가문 교씨, 왕씨, 진씨, 구씨 등의 대원(大
院)이 산서성에 남아 있다. 펑야오 고성에 아
직도 옛 모습의 장원과 마을이 그대로다.

조지 워싱턴 생가, 마운트 버넌

버지니아주이나 워싱턴DC와 가깝다. 담배
농장으로 유명했던 워싱턴가의 저택으로 작
은 궁전 규모다. 노예가 있어서 이 저택을 유
지했을까? 집의 양식은 조지안, 식민지풍이라
고도 한다. 이 지역에는 벚나무가 많다. 남쪽
으로 포토맥강이 흐르고, 봄이면 강둑을 따
라 벚꽃이 만발한다.

토머스 제퍼슨 저택, 몬티첼로

버지니아의 샬러츠빌에 있다. 미국 독립선언
문을 작성했다고 전해지는 제퍼슨은 건축설
계에도 조예가 있었다. 본인의 저택 몬티첼로
는 물론 버지니아 대학교 본관, 미국 국회의
사당 건축에도 관여하였다고 알려졌다. 몬티
첼로와 버지니아 대학교 본관의 천장은 로툰
더, 정면은 팡테옹의 형상을 따랐다.

소로의 월든 오두막

1845년 20대 소로가 직접 지은 4.2평 크기 집이다. 매사추세츠 미국 동부 해안 지역에서 가장 키가 크게 자라는 하얀 소나무(white pine, 리기다 소나무)로 지었다. 참고로 우리 한반도 소나무는 둥지에 붉은색을 띠고 있어 빨간 소나무(red pine)라 부른다. 리기다 소나무는 20세기 초부터 한반도에 식재되었다. 우리 토종 소나무보다 성장 속도가 빠르다.

소로의 집은 경량 목구조. 소로가 손수 후딱 지을 수 있었다. 건축의 구조와 디테일에서 특별히 보전해야 할 가치가 있는 것은 아니다. 이 집은 〈월든〉의 저술가 데이비드 소로의 집! 지금 소로의 집은 복원한 것이며 원래 집은 그 자리에 주춧돌만 흔적으로 남아 있다.

"나는 삶의 최소한의 것만 가지고 유유자적하며 살아보기 위해 숲으로 들어갔네." 더 이상 단순할 수 없는 실내는 벽 쪽에 놓인 침대와 책상과 의자가 전부다. 지붕 위 굴뚝의 위치로 보아 벽난로로 실내를 덥혔는가 보다. 매서운 뉴잉글랜드의 겨울 숲이 눈으로 뒤덮였을 때 저 키 큰 리기다 소나무에 등 하나를 달았을까?

명품 주택

명품은 '잘 만든', '고가의', '유럽산 브랜드' 제품을 부를 때만 쓰는 용어가 되었다. 미국산, 일본산, 한국산 제품은 아무리 훌륭해도 좀처럼 명품 카테고리에 넣지 않는다. 아무리 톺아 보아도 명품은 고가 상품 판매를 위해 백화점이 만든 조어로 보인다. 일본 상품 광고를 장식하던 명품 슬로건을 우리 홍보 전문가들이 그대로 따라 사용한 혐의가 짙다.

옛날 타령을 꺼내자면 나는 도쿄 긴자의 백화점과 일본 일간 지 광고에서 명품^{名品}이라는 한자 단어를 처음 보았다. 1980 년대는 일본 소니가 지금 애플과 마이크로소프트를 합한 정 도의 위세를 세상에 자랑하던 시절이었다. 소니는 할리우드의 컬럼비아 영화사를 인수했고, 일본 금융자본은 미국 부동산 을 다 사들일 기세였고, 백화점 외벽에 명품 휘장을 두르고 행 인의 눈을 붙잡았다. 명품, 명품이라…….

그로부터 한 10년 지났을까, 우리 신문, 잡지, 방송 광고에 태 연히 명품이라는 용어가 보였다. 이후 20~30년 세월 명품은 당당하게도 사회의 통용 단어가 되어버렸다. 패션뿐 아니라 자동차, 보험, 부동산, 심지어 상조업체까지 명품을 내세운다. 여기에 프리미엄^{premium}, 마스터피스^{masterpiece}, 퍼펙션^{perfection}, 헤리티지^{heritage}까지. 홍보, 광고에 명품이란 뜻을 가진 영어

총동원령이 내린 듯하다. 동시대의 단어 트렌드를 좇기가 벅차다.

광고 용어 명품은 15세기 일본 다도에서 주로 사용했던 용어 명물名物에서 빌려왔음이 분명하다. 일본 사카이와 오사카 지역은 다도에 사용하는 다기와 장식용 기물을 중국, 베트남에서 이미 12세기부터 다량 수입했다. 중국산을 가라모노唐物, 베트남산은 시마모노島物라 불렀다. 일본인들의 표현에 따르면 수입한 도자기 중 '천하의 미를 가진 것이 명물名物'이다. 명물에 관한 당대의 안목을 가진 자는 메키키目利라 불리며 존경의 대상이었다. 메키키는 한자 목이目利에서 짐작되듯 눈目과 귀利, 보고 듣는다는 의미다. 볼 줄 알고 들을 귀가 있는 사람. 메키키로 불리는 사람은 교양, 철학, 시문학, 예술에 정통하고 박식한 인물이었다. 주로 귀족, 호족 가문 출신의 선승이 많았고 쇼군將軍 일본 도쿠가와 막부의 우두머리과 나란히 앉을 수 있을 정도의 영예와 대접을 세상에서 받았다. 16세기 일본 다도의 아버지로 불렸던 메키키 센 리큐. 센 리큐는 선종에 귀의한 스님이며, 일본을 통일한 도요토미 히데요시와의 불화로도 유명하다. 센 리큐는 관백 히데요시의 명으로 생을 마감하면서까지 안목 가진 자의 명예를 버리지 않았다. 적어도 메키키라 불리는 인물은 세상 권세와 재물에 머리 숙이지 않았다. 그래서 메키키다.

"하늘에는 천당, 땅에는 항저우^{杭州}와 쑤저우^{苏州}"란 옛말이 있다. 중국 대륙이 개방된 후에는 항저우, 쑤저우, 난징^{南京} 일대를 쉽게 여행할 수 있으니 후인들은 고사를 더듬으며 악양루^{岳陽樓}에 오르고 서호^{西湖 중국의 미인 서시(西施)의 이름을 따서 지음}를 유람한다. 명품 이야기에 항저우, 쑤저우, 난저우를 꺼내는 것은 중국 강남 문화를 언급하기 위해서다. 양쯔강 하류의 남쪽 장쑤성, 저장성 일대를 강남이라 불렀다. 고대 〈삼국지〉 손권의 오나라, 오월동주^{吳越同舟} 오나라와 월나라가 있던 지역이다. 12세기 고려 중기 이후 중국 시문학, 미술, 건축의 중심은 북쪽 하북에서 강남으로 이동하였다. 몽골의 침략으로 북쪽 중원의 한족^{漢族}이 대거 남으로 양쯔강을 건넜기 때문이다.

강남으로 이주한 한족은 19세기 청나라가 쇠락할 때까지 무려 천년 세월 문화, 예술을 창조하고 축적하며 동아시아는 물론 멀리 유럽에까지 선진 중국 문화를 알렸다. 강남 문화는 한국 고전 시서화^{詩書畵}의 이상이었고 일본도 다르지 않았다. 교토의 건축과 미술에 경탄한 여행자는 중국이 우리와 국교를 수립한 후에야 항저우, 쑤저우를 갈 기회가 있었다.

교토는 건축, 미술, 지붕의 곡선까지도 리틀 쑤저우라는 것이 대번에 보였다.

중국의 강남은 우리 민중의 삶과 말에도 그대로 들어와 있다. '친구 따라 강남 간다', '강남 갔던 제비', 〈흥부전〉 제비도 강남에서 박씨를 물고 왔다. 강남은 꿈에서만 닿을 수 있는 곳. 송, 명, 청나라에 이르는 동안 중국에서 가장 부유했던 곳이다. 13세기 유럽에서 경제력이 가장 앞섰던 도시 베네치아 출신 마르코 폴로는 〈동방견문록〉에다 강남의 항저우를 "세상에서 가장 당당한 최고의 도시"라 썼다.

15, 16세기 일본 사카이와 오사카가 고급 귀족 문화로 흥청거렸다. 전방위 일본 예술, 문화의 표준이 중국 강남 문화였음은 물론이다. 사카이는 오사카 남쪽의 포구로 동남아시아와 무역으로 대단히 번창한 상업 지역이었다. 선승 센 리큐가 사카이 출신이다. 그는 지역 연고에다 부유한 상인 가문이란 배경으로 첨단 강남 문물에 익숙했다. 시서화, 도자기, 다도 등 강남 원림園林 문화가 센 리큐의 안목을 만든 것이다. 일본은 해상으로 상하이, 닝보, 푸저우를 통하여 강남 지역과 직접 교류한 데 비하여 우리는 육로로 베이징과 내왕하였다. 조선의 주류 미학 전통이 일본과 결이 다른 것은 지리적 차이에

서 비롯되었다.

2017년 한국관광공사에서 한국 럭셔리 여행지 100곳에 내촌목공소를 선정했다. 이미 그 전에 나는 나무 이야기 프로그램 중에 내촌목공소 작업의 럭셔리를 주제로 포럼을 진행한 적이 더러 있었다. 판교의 어느 IT 기업과 도쿄의 유명 건축 사무소와 내촌목공소에서 워크숍을 함께 하며 '내촌 작업과 럭셔리' 주제의 강의를 한 적도 있었다. 이런 행사 후에 가파른 산골짜기에서 나에 대한 성토가 높았다. 당장 우리 목수들이 "내촌목공소 작업을 어떻게 럭셔리로 설명하느냐, 남세스럽다" 했다. 이웃 주민 몇도 가세한다. "럭셔리 용어는 적절치 않습니다. 앞으로 내촌 작업에 쓰지 않는 게 좋겠습니다." 내촌목공소가 지은 집에 사는 이들이었다. 우리 목수들과 이웃의 속내는 내가 너무 세속적이라는 거다.

럭셔리라는 용어의 선택으로 그렇게 비난을 받아야 할까? 세속적인가? 명품은 최근 만들어진 상업적 조어이나 럭셔리의 어원은 길다. 영어 럭셔리luxury의 어원은 라틴어 럭서스luxus다. 럭서스는 사치라는 뜻에 방종, 쓸데없는, 균형을 잃어버리고 지나친 등 이런 부정적 의미의 용어였다. 심지어 셰익스피어는 그의 희곡에 성적 불륜을 묘사하며 럭셔리라 썼다. 럭셔리라는 단어가 부유한 환경, 넉넉한 태도라는 의미로 사용되기는 극히 최근이다. 내촌목공소 클라이언트와 목수들이 럭셔리를 선뜻 받아들이지 않는 것으로 보아 아직 럭셔리는 온전히 새 자리를 찾지 못한 듯하다. 나에게 명품이라는 용어가 그러한 것처럼 말이다.

사실 스스로 럭셔리나 명품이라는 말과 글로 홍보하는 것을 보면 당황스러울 때가 많다. 잘 만들고 정직하면 되었지 명품을 상품 머리에 붙이고 명품이라 소개하면 과장되었거나 또 진실성이 결여된 것으로도 들린다. 이런 인식일까, 우리 목수들이, 또 마을 이웃들은 럭셔리라는 표현에 질겁을 한다.

아파트, 타운하우스, 리조트 등 부동산도 명품이라 광고를 한다. 이제 명작, 걸작이라는 표현도 쓰더라마는. 고가의 수입산 가구, 주방 조명을 설치하고 바르거나 붙여두고는 명품 건축이라고 부른다. 우리의 명품 건축은 10년이 지나지 않아 민낯이 드러나니 다시 새 명품으로 인테리어 공사를 해야 한다. 명품 주택 혹은 럭셔리 하우스는 백화점의 명품, 부동산 광고의 럭셔리가 아니다.

명품 주택에는 사람이 있다. 안목을 가진 자다. 도요토미 히데요시의 금빛 광채 기물과 병풍을 명물이라고 하지 않는다. 이름 남기지 않은 선승이 애지중지하던 이름 모를 조선 도공의 막사발은 역사의 명물로 간주된다. 집도 다르지 않다.

집의 정신, 집의 의미 그리고 살아가는 이야기와 가족 간의 온화한 기운이 스며 있는 명품 주택을 만나고 싶다. 명품 집, 명가, 럭셔리 하우스는 그 집에 사는 사람이 만드는 것. 필시 그이는 '보고 들을 줄 아는 사람'일 터다. 모던한 디자인, 실내에 비파 소리 들리고 인공지능이 온갖 기능을 다하는 정교한 집일지라도 보고 들을 줄 아는 사람이 없는 집은 단지 건물일 뿐이다. 명품 건축, 럭셔리 하우스란 애초에 없었다. 사람이 있었다.

센 리큐의 다실

교토 묘키안에 다실 다이안이 있다. 센 리큐가 야마자키의 다이안을 도요토미 히데요시를 모시기 위해 묘키안으로 옮겼다. 다다미두 장의 공간에 관백 도요토미 히데요시를 모셨으니 과연 다도의 조상이라 부를 만하다. 니지리구치, 개구멍이라는 뜻의 출입구. 도요토미 히데요시도 그의 다실에는 머리 숙여 엎드려 들어가야 했다.

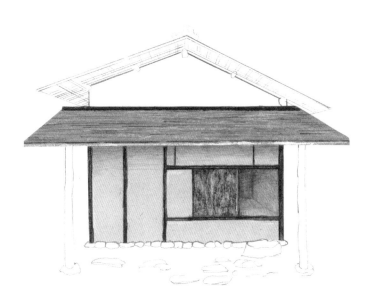

명예의 전당

명예의 전당. 'The Hall of Fame'을 우리말로 옮기면 이러하다. 영화, 운동, 음악뿐만 아니라 특정 집단 그리고 여러 직능별 전문인 중에서 빼어난 업적을 남긴 이의 이름을 새긴다. 명예는 고결한 인격과 뭇 사람들이 보편적으로 동의하는 가치관을 지닌 자에게 바치는 헌사다. 해당 분야에서 탁월한 업적이나 기록을 남긴 이를 선별해 그 이름과 생애를 명예의 전당은 기록한다.

2007년 한국의 골프 여제 박세리 선수가 세계 골프 명예의 전당에 입성했다. 이 연유로 명예의 전당이란 이름이 우리에게 더욱 친근하게 다가온 듯하다. 바이올린 연주자 정경화, 지휘자 정명훈 등 음악계와 순수 과학, 의료계에 세계의 리더 역할을 하는 한국 출신이 많은데 월드 클래스 명예의 전당 등록 뉴스가 골프에서 처음 나왔다. 골프 명예의 전당은 미국 플로리다주 세인트 어거스틴에 있다. 골프 명예의 전당에 새긴 이름을 보니 에니카 소렌스탐, 잭 니클라우스, 아널드 파머, 샘 스니드, 보비 존스 등 그야말로 골프로 입신에 오른 인물들이다. 골프가 워낙 인기 있는 현대 스포츠이기 때문인가, 명예의 전당에 이름을 새긴 자들은 한결 대중의 사랑과 존경을 받는다. 이들의 공익에 대한 헌신은 놀라워 보통 사람들이 머리를 숙이지 않을 수 없다. 은퇴에 아랑곳없이 그들의 마음 씀씀이와 왕성하게 재능을 기부하고 있는 소식을 들을 때면 세상이 다 환해진다.

한 분야의 경지에 오르기까지 그들의 일관성 있는 인내, 훈련은 광야의 구도자와 다를 바 없는 시간으로 점철되었다는 것을 우리는 안다. 그런 이들이 최고의 자리, 명예의 전당 벽이나 바닥에 이름을 새긴 후의 태도에서, 나는 일면 '전당the hall의 효과'를 읽는다. 명예를 지키고 이어가는 그들의 변함없는 자세는 장소의 정신과 결코 무관하지 않을 것이다. 어느 한 분야에서 최고의 경지에 이르기가 쉬운 일일까? 스스로 관리에 철두철미했던 결과일 것이다. 명예의 전당에 이름을 올린 후 들리는 그들의 언행은 또 다른 모습으로 다가온다. 그들은 한결더 넉넉해졌고 세상에 대한 발언도 치우치지 않는다. 인생의 성공에다 존중이 더해졌다. 전당은 그의 명예를 더욱 굳힌다.

산사 대웅전에서, 혹은 여행 중 가볍게 들어선 대성당 내에서 잠시 정신이 고양된 듯한 경험이 있지 않은가? 일상적 장소와 건축에서도 우리의 정신은 영향을 받는다. 알려지기로 세계사에서도 빠뜨릴 수 없는 명예의 공간으로 로마의 판테온, 파리의 팡테옹, 런던에는 웨스트민스터사원이 있다. 역사의 세 건축물은 모두 유럽 기독교의 예배당이다. 신을 경배하는 지성소至聖所에 이탈리아, 프랑스, 영국 사람들은 그들 땅에 살다 간 민족 최고의 사표師表들을 모셨다. 군인, 정치인, 철학자, 시인, 소설가들이다. 나는 여기 묻힌 이름 하나하나에서 무척 흥미로운 사실을 알게 되었다. 역사의 영웅 호걸 중에 여기 이름을 남기지 않은 사람이 많다는 것을.

로마의 판테온에는 단테의 무덤도, 레오나르 다빈치와 미켈란젤로의 무덤도 없다. 파리의 팡테옹도 그러하다. 황제 나폴레옹도, 샤를 드골 장군도 이름이 보이지 않는다. 그러나 이름 중에 과거든 현재든 또 이념적으로 거부할 법한 누구도 띄지 않으니 부럽다. 프랑스의 팡테옹에는 사후 10년이 지나야만 묻힐 요건이 생긴다. 죽은 이의 생애를 엄정히 평가하기 위해서다.

최근 한국 사회는 보수와 진보의 대립이 여간치 않다. 대한민국 수립의 초석 역할을 했던 세대가 한 분 한 분 유명을 달리했다. 항일 무장투쟁의 선봉에 계셨던 분, 한국전쟁에서 반공에 철저했던 인사, 그의 애국 애족은 묻지 않고 오직 이념의 좌우로 가신 분을 평가한다. 그러니 국립묘지 안장으로 매번 큰 논쟁이 벌어진다. 프랑스처럼 10년 후, 아니면 한 세대 후에 안장 여부를 가리면 어떨까?

종교개혁에 따른 구교와 신교의 피 냄새 진동했던 내전, 시민 계급이 대두하며 극렬했던 왕당파와 공화파의 투쟁을 서양 세계사는 기록하였다. 단두대의 피가 광장을 물들였고 원한 은 산을 넘어 사무쳤다. 유럽 대륙은 유독 종교와 계급투쟁으 로 내전이 격렬하고 빈번했다. 그런데 이탈리아인도 프랑스인 누구도 그들 팡테온에 묻힌 이들에 시비를 따지지 않는다. 그 저 사랑하고 존경할 뿐이다.

자크루이 다비드 19세기 프랑스의 고전주의 화가의 회화 「마라의 죽음1793」 은 18세기 보수 귀족과 혁명파인 자코뱅파의 치열한 싸움의 극 적인 장면을 보여준다. 급진적 시민계급의 지도자 마라가 목욕 을 하던 중 보수 귀족 여인 코르데에게 살해되었다. 혁명 시기 민중의 영웅이었던 마라는 팡테옹에 안치되었으나 자코뱅파 가 몰락하며 바로 이장되었다. 팡테옹에서는 장자크 루소, 볼 테르, 빅토르 위고, 에밀 졸라, 퀴리 부인의 석곽 무덤과 이름이 보인다. 정면의 코린트식 기둥 위로 "위대한 인물들에게 조국 은 감사한다"라고 새겨져 있다. 위대한 인물을 이렇게 기리는 나라는 위대하다.

영국 웨스트민스터사원에는 전대의 1세, 2세, 3세로 적힌 에드

워드, 헨리, 엘리자베스 이름의 여러 왕, 뉴턴, 찰스 다윈이 안장됐고, 2018년 스티븐 호킹 박사의 이름이 더해졌다. 시인 제프리 초서, 소설가 찰스 디킨스와 토머스 하디가 영면해 있는 곳도 웨스트민스터사원이다.

국가와 민족에 헌신한 영웅들을 모시는 무덤과 기념비가 있는 건축이 판테온pantheon이다. 로마의 판테온이 그 유래다. 프랑스의 팡테옹은 로마 판테온의 알파벳 스펠을 그대로 사용한다. 1세기경 로마의 판테온은 세상의 모든 신을 모시는 사원, 즉 범신전이었다. 로마는 4세기 기독교를 국교로 정하며 유연하게도 기존의 범신전을 가톨릭교회로 사용하기 시작하여 오늘에 이르렀다.

판테온은 건축사적 의미 또한 작지 않다. 2세기 초125년에 지은 돔 건축이 지금도 거의 완벽하게 남아 있다. 바티칸 성피에트로 대성당, 피렌체 대성당, 미국 국회의사당 등 세계의 돔 건축은 모두 로마 판테온의 디자인과 구조를 본뜬 것이다. 그뿐이 아니다. 서구의 역사와 정신 문화에 판테온이 얼마나 깊이 자리하고 있는지. 영국의 명차 롤스로이스의 전면 그릴은 로마 판테온의 정면을 그대로 형상화했다. 박공지붕과 코린트식 열주의 세로선이 차의 전면에 또렷하다.

뉴스에서 우리 여의도 국회의사당 내부를 언급하며 흔히 '로텐더 홀을 지나서', '로텐더 홀에서 어느 정당이 성명서를 발표했다'는 말을 종종 듣는다. 미국 국회의사당의 로툰더^{rotunda}를 따서 여의도의 공간도 로텐더 홀로 부르는 모양이다. 로툰더는 둥근 돔이 있는 '원형의 내부 공간'을 부르는 보통명사다. 로툰더의 기원도 로마의 판테온이다. 판테온의 둥근 내부 공간을 로툰더라 한다.

판테온에서 기리는 것은 국가가 위대한 인물에게 바치는 최고의 경의다. 명예의 전당에는 이름을 새긴다. 사람의 이름을 새기며 건축은 명예를 가졌다.

팡테옹

원래 성당으로 계획된 건물이었다. 프랑스 대혁명으로 건축의 양식과 용도가 바뀌었다. 팡태옹의 전면은 로마 판테온을 본뜬 신고전주의 양식, 구조는 고딕 양식을 취했다. 신고전주의와 고딕의 하이브리드 건축인 것이다. 팡태옹은 유서 깊은 파리 라탱 지구에 소르본 대학과 나란히 있다. 볼테르, 장 자크 루소, 빅토르 위고, 에밀 졸라, 퀴리 부인, 앙드레 말로가 석관에 안장되어 있다. <몬테크리스토 백작>을 쓴 19세기 소설가 알렉상드르 뒤마는 2002년 팡태옹에 안장되었다. 사후 150년이 지나 일어난 일이다.

흥미롭게도 사르코지가 대통령 재임 중에 알베르트 카뮈의 안장을 제안했으나 프랑스 국민들은 수용하지 않았다. 제안자가 카뮈의 진보 정신에 부합하지 않는다는 이유였다. 팡태옹의 권위와 명예를 여실히 보여준 사건이었다. 아무리 빛나는 업적을 가진 자라도 진보와 보수, 덜 가진 자와 가진 자 모두 국민 어느 편의 반대를 무릅쓰며 안장하지 않는다. 팡태옹에 인물을 안장하는 의식은 프랑스 역사, 국민 통합의 대축제 마당인 것이다. 그래서 국립묘지다.

롤스로이스

영국의 슈퍼 럭셔리 자동차의 전면 그릴은 로마 판테온 신전 형상이다. 롤스로이스는 로마 판테온 기둥에서 디자인의 영감을 받았다며 홈페이지 맨 앞에 올려두었다. 판테온, 모든 신을 모셨던 사원 아닌가? 롤스로이스에 승차하는 것은 범신전에 들어가는 것. 신이 이른다, 모두 경건하기를.

판테온

전면 기둥(열주)과 원형 돔의 로툰더 홀. 서양 건축은 모두가 로마 판테온의 자손들이다. 하물며 우리나라 국회의사당도, 신설 대학의 본관 건물도, 길거리 많은 예식장까지 판테온 양식을 벗어나지 않는다. 판테온 전면부는 그리스 파르테논을 재현한 것이다. 파르테논은 허물어져 지금의 모습으로 남았지만 판테온은 처음 모습에서 크게 바뀌지 않은 채 제 위치에 그대로 서 있다. 2000년을 간직한 건축이다. 로마로 가는 길은 거저 생겨난 것이 아니다.

웨스트민스트사원

13세기에 짓기 시작하여 16세기에 완공된 유럽 고딕건축의 걸작 중 하나다. 영국성공회 성당으로 내부는 왕실의 무덤이자 민간인, 무명용사의 묘역이기도 하다. 석관 중에는 아이작 뉴턴, 찰스 디킨스, 스티븐 호킹의 이름도 보인다. 영국 왕실의 대관식, 결혼식, 국가 주요 인물의 장례식도 여기서 치른다.

로툰더

평면이 둥그런 건축을 '로툰더'라 부른다. 지
붕은 돔 형태가 대부분이다. 로마의 판테온
은 로툰더 건축의 전범(典範)이 되었다. 그림
은 미국 국회의사당의 중앙 돔 로툰더이다.
우리의 여의도 국회의사당 중앙부도 로툰더
로 건축했다. 프랑스의 팡테옹과 루브르 궁
전이 신생 미국 국회의사당 건축의 모델이었
다니 로툰더는 로마에서 파리, 워싱턴을 거
쳐 서울에 온 것이다. 로마 건축의 그늘이 이
렇게 장구하다.

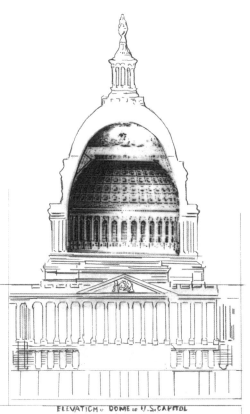

ELEVATION OF DOME OF U.S. CAPITOL

공간이 바뀌면

팔자 고친다. 지금과 다른 더 나은 인생을 바라며 '팔자 고치겠다'고 한다. 팔자를 고친다는 것이 가당한 이야기인가. 그런데 이게 무슨 일인가. 최근 신경건축학에 관한 논문과 저술이 연이어 나오고 있다. 공간 혁명, 공간이 사람을 바꾼다. 건축이 만든 사람? 참 재미있는 연구도 있구나. 공간이 바뀌면 인생이 바뀐다는 내용이 담긴 책도 여러 권 출간되었다. 흥미롭게도 모두 미국, 영국 등 영어권에서 발행되었다. 거기다 내가 읽은 번역본 중 두 권의 추천사를 뇌과학자이며 신경건축학자인 정재승 교수가 썼다. 미신은 아닌 것 같다.

쉼을 위하여 사람들은 바다, 강, 산을 찾는다. 이런 장소의 리조트, 주말 집, 별장에서 사람들은 잠시나마 여유롭다. 왜 우리는 벽지 산골의 인적 드문 곳과 흐르는 강물에 위로받고, 바다의 초록 물색과 밀려오고 가는 파도의 너울, 그 위로 떨어지는 낙조를 보며 경탄하며 숨을 멈추는가. 최근 나도 산과 바다의 녹색과 떨어져 살 수 없다는 것을 실감하였다. 코로나 팬데믹이 계기다. 팬데믹에 갇히니 어쩔 줄을 모른다. 산중에 살고 있는 내가 주변에서 가장 많이 듣는 말은 "여기서 무슨 재미로 사나?"였는데 이 말이 쑥 들어가더니 심지어 우리 집으로 피난 오겠다는 친구들도 생겼다. 내가 이용하는 강원도 서울 간 도로에 전에 없이 정체가 심해졌다. 사회적 격리가 시행되니 강원도행 주행이 한결 한가해지리라는 나의 예측은 빗나가고 말았다. 강원도는 골짜기마다 붐빈다. 지난달 산벚꽃을 보러 갔더니 계곡 따라 대여섯 채의 주말 집이 터를 고르고 있었다.

따져보면 사람들이 도시에 모여 살기 시작한 지는 고작 2000년에서 3000년이다. 30만 년 수렵, 채집에 익숙한 인간의 DNA는 도시의 벽과 모르는 이들과의 만남에 편안할 수 없다. 분주한 도시에서 많은 이들이 고독하다며 어쩔 줄을 모른다. 바이러스 팬데믹으로 촘촘한 도심이 더 불안하다. 그만 모가지가 길어 슬픈 짐승이 되어버렸다.

"아직 이유는 충분히 밝혀지지 않았지만 불안과 관련된 정신장애는 도시 환경에서 더 많이 발생한다고 보고되었다. 불안장애, 우울증, 조현병의 진단율은 시골에 사는 사람보다 도시에 사는 사람들에게 더 높게 나타난다. 특히 도시에서 자연 공간 접근 가능성이, 도시 인구의 정신장애 위험을 줄일 수 있다는 흥미로운 연구 결과가 있다. 대도시에서 성장하거나 거주하는 사람들이 시골에서 사는 사람들보다 불안을 촉발하는 사회적 요인에 뇌가 더 강하게 반응한다고 시사하는 점에서

중요하다."-콜린 엘러드, 〈공간이 사람을 지배한다〉

신경과학에서 이미 이런 연구 결과를 가지고 있을 줄은 몰랐다. 거기 더하여 뇌과학 연구는 건축 환경 연구에도 깊숙이 들어와 있다. 나의 현재 모습은 살고 있는 장소가 만들었으며, 질 낮은 집에 사는 우리가 지불해야 하는 비용은 어마어마하고 치명적이라고 주장한다.

"건축 환경에 대한 무관심은 우리의 삶을 갉아먹는다는 사실을 직시해야 한다. 이대로 놓아두면 건축 환경이 우리 후손들의 삶까지 좀먹을 것이다."-세라 W. 골드헤이건, 〈공간 혁명〉

골드헤이건의 말을 더 빌려오면 "미국 플레이노와 니덤 대부분 주택은 숙련된 노동력이 필요 없는 간단한 건축 공법으로 규격 재료를 사용해 만들어졌다. 환경친화적인지 의심스러운 재료는 저렴하고 조잡한 데다 목재는 환경을 염두에 두지 않고 잘라냈으며 집 구석구석에 설치한 PVC 배관의 휘발성 유기화합물 VOCs이 토양으로 흘러들어 주민들이 마시는 물을 오염시킨다. 또 형편없는 디자인이 만들어낸 집의 단점은 성능 좋은 난방장치와 인공조명으로 교묘하게 가렸다"라고 적는다. 골드헤이건 교수가 설명하는 숙련된 노동력이 필요 없는 간단한 건축 공법은 경량 목구조 건축이다. 흔히 투 바이 포 $^{2 \times 4}$ 건축이라 한다. 가로 2인치⁵ᶜᵐ, 세로 4인치¹⁰ᶜᵐ ┌┤격으로 켠 목재를 구조로 짓는 집이다. 목재 한 두어 장은 누구나 들 수 있는 무게여서 경량 목구조라 부른다. 이렇게 막 찍어내어 환경은 염두에 두지 않은 집이 한국에도 상륙했다. 신도시 단독 주택단지에 이 양식의 건축들이 들어서더니 연속극의 단골 배경으로 등장했다. 처음 하나둘 들어설 때는 그럴싸했고, 회색 콘크리트 아파트와 대조되는 교외 전원주택의 풍취風趣까지 제법 있었다. 그러더니 가을비 온 후 버섯 피듯 서울 교외, 강원도 휴양지, 제주도와 지리산, 남도의 오랜 마을 구석구석에도 자리를 잡았다. 벽체는 한결같이 흰색, '언덕 위의 하얀 집'이다. 교외 주택, 농가, 펜션, 주말 집, 타운하우스로 마땅한 저렴한 건축이라니 어쩌겠는가?

미국발 경량 목구조 주택은 목재와 건축은 물론이고 사회적 측면에서도 꼭 살펴볼 만하다. 19세기 중엽 미국 중서부의 시카고를 중심으로 경량 목구조 방식의 주택이 보급되기 시작했다. 연원을 더 올라가 얇은 판재의 나무로 건축 구조를 쉽게 구축하는 이 방식을 벌룬ᵇᵃˡᵒᵒⁿ 공법이라 한다. 이 공법은 영국에서 시작되었다. 영국은 18세기에 이미 내국의 임산자원 고갈로 배를 건조하기도 힘든 지경이었다. 반면 신대륙 미국,

특히 미시시피강의 오른편 동부는 참나무, 물푸레나무, 느릅나무, 단풍나무 등 세계 활엽수의 밭이고, 서부는 소나무, 전나무, 가문비나무, 삼나무가 하늘을 찌른다. 이 임업 대국에서 영국식 얇은 판재를 사용한 벌룬 공법 건축이 꽃을 피웠다. 미국은 유럽에서 이주해온 정착자들의 주택 문제가 이 경량 목구조 방식 건축의 보급으로 일거에 해결되었다. 주택 문제의 해결이라는 인류사의 대사건이 미국에서 벌어진 것이다.

이 방식의 집 짓기는 참으로 경제적이다. 무엇보다 숙련된 목수가 필요치 않다. 웬만한 성인이면 건축 공정에 손을 보탤 수 있다. 후딱 짓는다. 이래서 미국의 평균 주택 건축 가격이 한국인의 기준에 비쳐 낮게 형성되어 있는 것이다. 빈부 격차가 저토록 극단적인 미국 사회에 크고 작은 갈등이 끊이지 않는다. 그렇지만 대부분 미국 풀뿌리 시민계급의 생활이 참으로 안정적이어서 부럽다. 가장 큰 이유 중 하나는 주택 문제의 해결이다. 모기지론이라는 주택 장기 대출 제도에다 벌룬 공법의 경량 목재 집이 있어서다. 시카고 지역에서 벌룬 공법을 최초로 고안한 이가 지역의 목수 조지 스노라 주장하나 뚜렷한 증거는 없다. 19세기 영국계 이민자들이 목재 자원이 풍부한 미국에서 이 공법을 개량, 발전시켰다. 건축사가 솔론 로빈슨은 "경량 목구조 공법의 집 짓기가 없었다면 시카고와 미국 서부의 도시들은 그저 한적한 시골 마을로 머물렀을 것이다"라고 했다.

이 놀라운 경량 목구조 방식 주택에도 변화가 생겼다. 본고장 미국, 캐나다에서 집의 외벽에 판재를 쓰지 않고 플라스틱 합성판과 합성 목재를 둘렀다. 석유화학이 넘쳐나는 세계가 되었기 때문이다. 앞에서 골드헤이건이 지적한 싸구려 합성 화학 자재가 목재를 대체하였다. 겉모양만으로 천연 목재와 흡사한 것이 숱하여 때로는 나도 구별하기 힘들 지경이다.

어느 분야에서든 한국의 속도와 진화는 눈부시다. 처음 얼마간은 경량 목구조 집의 외벽 자재를 미국과 캐나다에서 그대로 가져오더니 금세 제3국의 공업 제품으로 완벽히 대체하였다. 최근 짓는 경량 목구조 건축은 합성 공업 자재로 둘러싸 세월이 흘러도 썩지 않을 것이며 주변의 토질과 흐르는 샛강을 내내 오염시킬 것이다. 1970년대 국가 사업으로 전국을 덮었던 슬레이트 지붕의 석면 문제로 후세대인 우리가 겪은 고통이 얼마였던가. 그래서 합성 화학 자재로 내외장을 도배한 경량 목구조 주택을 바라보는 내 탄식이 크다. 모든 건 경제야! 대통령 선거 구호가 아니다. 주택도, 일류 호텔도, 청정 지역의 리조트 건축도, 모든 것이 경제다. 건축사의 위대한 공법이 내놓은 주택 앞에서 나는 갈피를 잡지 못한다.

그런데 또 새로운 장르가 나타났다. 농막이라 불리는 콘테이너 하우스다. 주로 국제 간 화물 운송용으로 쓰는 선박 콘테이너를 주택으로 개조하더니 아예 콘테이너를 제조해 주거용 집을 만든다. 저렴하다. 곧 맹위를 떨치며 대한민국 주요 주택 양식으로 자리 잡을 기세다. 콘테이너를 주거용이나 전시 공간으로 개조하는 작업은, 특히 유럽의 젊은 건축가 디자이너들이 도전하여 명품 건축의 새 유형을 제시한 사례가 많다. 런던 동쪽의 쇼디치 하이스트리트역에 내리면 검은색 콘테이너 여러 개가 2층으로 서 있다. 박스파크Boxpark다. 15~16년 전 이 콘테이너 복합 몰이 들어섰다. 이전의 쇼디치는 런던에서 가장 초라하고 낙후된 지역이었다. 그곳은 영화 〈올리브 트위스트〉의 장물아비 페이긴이 활약하던 동네이며, 19세기 젊은 찰스 디킨스는 런던 이스트엔드의 밑바닥 생활상을 그리며 일약 스타 작가가 되었다. 소설의 캐릭터는 그의 가장 익숙한 이웃의 인물들로 구성되었다. 그랬던 런던 동쪽이 지금은 젊은이들 그리고 세계의 아티스트들이 모인 핫한 지역으로 변했다. 콘테이너 디자인이 도시의 모습을 바꿔버렸다. 내구성이 좋은 타폴린^{tapolin} 직물에 방수 막을 처리한 시트 천막을 새생하여 가방을 만드는 프라이탁^{Freitag}의 취리히 콘테이너 플래그십 스토어. 학생들을 위한 암스테르담의 콘테이너 기숙사. 콘테이너로 만들었으나 시대의 맥락을 가지고 세상을 향해 건축 디자인의 아방가르드를 보여주는 사례는 많다.

디자인으로 우리 눈을 크게 뜨게 한 프라이탁의 콘테이너는 주거용 건축이 아니다. 런던 쇼디치의 콘테이너 박스파크도 물론이다. 박스파크는 앞선 건축 디자인으로 세계인을 불러 모으는 쇼핑몰이다. 전철역 바로 앞으로 콘테이너를 쌓은 건축에 세상은 열광하였고 이 후광으로 런던 동쪽 동네 쇼디치의 길거리가 달라졌다. 요 근래 서울, 도쿄, 함부르크의 공장 지대 강가 부둣가에 줄지은 콘테이너 건축은 모두 런던 박스파크의 후예로 보인다.

이 디자인 컨테이너 박스는 주거 공간이 아니라 상업용이다. 그런데 놀랍게도 대한민국은 콘테이너로 태연히 집을 만들고 있다. 팬데믹이 길어지자 불과 3년도 되지 않은 세월에 우리 집 산골짜기에도 여기저기 놓였다. 농기구를 보관하고 햇빛 피하는 농민들의 그늘집이 아니라 모두 주말 집이다. 저 공간에서 사람이 위로를 받을 수 있을까?

건축은 개인의 문제로만 머물지 않는다. 불량 건축은 자연을 훼손하고 5000년의 경관을 유린한다. 그래서 어느 나라든 건축에 정부가 엄격히 개입하는 것이다. 스위스의 자연과 비하여도 전혀 못하지 않은 대한민국의 아름다운 산, 강, 바닷가를 콘테이너가 점거하는 중이다.

흔히들 세계의 열악한 도시 환경과 주택 상황을 예로 들며 멕시코시티의 빈민가, 인도의 델리와 방글레데시의 다카, 미얀마의 수도 양곤 등을 언급한다. 불과 한 세대 전 대한민국 많은 도심도 다르지 않았다. 차마 지켜보기 힘든 이 거주 지역과 길거리 집에서 시대적 상황, 사회구조의 문제를 본다. 우후죽순 놓인 우리 땅의 컨테이너 박스에서도 그러하다.

뇌신경 과학자들은 내가 사는 건축 환경에 관한 연구를 속속 발표하고 있다.

- 좋은 디자인으로 지은 집에서 우리는 더 정신적 안정을 찾는다.

- 질 낮은 건축 환경에서 자란 어린아이는 그렇지 않은 환경에서 성장한 사람에 비해 더 힘든 삶을 살 가능성이 높다. 떨어지는 인지 능력은 그의 평생에 영향을 미친다. 자아실현의 기회를 빼앗긴다.

- 풍성한 건축 환경은 우리가 일상적이고 비의식적이며 자기중심적인 시각

에서 벗어날 수 있게 해준다. 거기에다 인간의 역량을 높인다.

팔자를 고치려고, 내 운수가 궁금하여 용하다는 점집이나 무당집을 찾는다. 과학자는 집이 만드는 팔자를 분석하고는 주거 환경을 바꾸라고 권한다. 나와 내 가족의 팔자를 고치려면 그 전에 용한 건축가를 찾을 일이다.

프라이탁 타워

재생 소재 가방 브랜드 프라이탁이 취리히 서쪽 산업 단지에 컨테이너 17개를 쌓아 본사 사무실과 전시장으로 사용한다. 2006년 완공 후 일약 재생 건축의 아이콘으로 세계에 이름을 알렸다. 운송용 컨테이너를 함부르크항에서 취리히까지 기차로 실어 와 쌓았다. 이것이 건축 디자인이다.

내 친구의 런던 집

나는 런던 첼시에 30년을 넘게 사용하는 집이 있다. 런던의 내 집이라 해도 된다. 침실이 여섯, 거실이 셋, 주방이 둘, 욕실이 넷인 저택이다. 작은 뒤뜰은 얼마나 정성 들여 가꾸었는지 한때 런던 19세기 빅토리아 건축의 10대 하우스 가든으로 소개된 적도 있다. 집에서 큰길로 나와 길을 건너면 첼시 종합병원, 왼편으로 걸어서 켄싱턴궁으로 간다. 반대편은 어스 스퀘어 전철역, 큐 가든과 리치먼드를 한번에 갈 수 있다. 19세기 중엽, 그러니 프랑스에서는 나폴레옹 3세가 오스만 남작과 파리 도심을 개조할 무렵 영국 빅토리아 시대 런던의 남서쪽에 조성한 동네. 벚나무와 라임나무 가로수 잎이 만드는 그늘은 여기가 런던 도심이라는 생각이 전혀 들지 않게 한다. 최근 5~6년 사이 이 전형적 빅토리안 동네도 상점 조명이 예전에 비해 훨씬 환해지고 귀퉁이 작은 펍은 이탈리아 식당으로 모습이 바뀌었다.

서울 올림픽이 끝난 직후 런던을 들렀을 때다. 금요일 아니면 토요일 오후였던 것 같다. 오크필드 스트리트Oakfield street 골목길의 대여섯 집에서 부부 혹은 싱글들이 4번지 집에 모여 동네 파티를 가졌다. 골목 세대 가족 구성이 대부분 싱글이었다. 2번지, 5번지, 7번지의 이웃들이 한국에서 온 나의 방문을 빙

자하여 모인 것이다. 집 안 거실의 조지안 테이블 위로 맥주와 와인이 널브러졌다. 내가 없는 자리였다면 그냥 맥주 한 캔이나 와인 한두 잔 정도로 가볍게 끝낼 파티였다. 다들 내 영어는 어찌 그렇게들 잘 알아듣는지 예비역 대령과 인형 집의 벽지 디자이너, 창고업을 하는 기업인, 멜버른 출신의 건축가, 광고 회사 대표, 옥스퍼드 럭비 선수 출신 변호사, 산부인과 의사의 수다는 끝이 없었다. 내가 영국에서 진행하는 어떤 일도 그들이 직접 나서주거나 친구의 친구를 통해서라도 키 맨을 찾아주고 소개해주던 브리티시 골목 이웃들이었다. 세월이 흐른 후 그들의 옥스퍼드, 케임브리지 동창 네트워크의 도움이었다는 것을 알았다. 그때는 전혀 모르고, 내 영어가 유창한 줄로만 알았으니 참으로 낯뜨겁다.

한때 건축 음향에 몰입했던 시절이 있었다. 스피치에 적합한 실내와 음악을 위한 공간의 음향 조율은 달라야 한다. 스피치는 소리의 전달이 명료해야 할 것이고 음악에는 적절한 잔향이 필요하다. 목재를 가공해 소리의 반사 흡음 공명 조절판을 만들기로 했지만 엔지니어링과 디자인을 도움받을 데가 없었다. 런던의 애럽 어쿠스틱^{ARUP Acoustic}을 찾았다. 건축 엔지니어링 사무실 오베 애럽^{Ove Arup}의 자매회사였다. 파리와 런던 간

해저터널, 쿠웨이트의 세계 최장 연륙교, 두바이와 홍콩의 고층 건물, 공항, 시드니 오페라하우스 등 오베 애럽의 아카이브를 보면 '지구상에 이 친구들이 엔지니어링하지 않은 토목 건축은 뭐지?'라는 생각이 들 정도다. 내가 찾아갔을 때는 서울 도심 지하 주차장 개발 프로젝트를 진행하고 있었다. 아무튼 나는 건축 음향 엔지니어링 건으로 갔다. 오크필드 스트리트 이웃들이 미팅을 주선해주었던 것이다. 또 맨체스터 공과대학을 찾아 비틀스 음향 연구를 전공하는 노 교수도 만났다. 네덜란드 델프트 대학의 음향 전공 학자는 아예 음향을 창조하는 분. 특정한 공간에서 베토벤을 들을 때나 비틀스 음악 혹은 신부님의 강론에 따라 그가 개발한 오디오 기기로 잔향 시간을 조절했다. 나무판을 가공하여 건축 음향 공간 처리를 하는 한국 젊은이는 마치 북해 대구잡이 배에서 방금 내린 어부 같아 보였을 것이다. 많은 건축가들이 '실내 음향은 건축의 팔자소관'이라며 넋을 놓고 있던 시절 단숨에 건축 음향에 독보적 영역을 구축하고 있던 엔지니어링 사무소, 명성 자자한 대학 연구소와 내가 콘퍼런스를 갖도록 주선한 이들은 런던 참나무밭 거리 Oakfields street 의 이웃, 골목 파티 멤버들이었다.

내 친구 목수 페트릭을 만난 인연도 오크필드 스트리트다. 하지만 아일랜드 출신 페트릭이 목공 일 하는 것을 나는 아직 한 번도 본 적이 없다. 30년 가까운 시간 속에 우리는 만날 때마다 자전거, 미술, 페트릭의 고향 아일랜드 이야기를 화제로 삼았다. 더블린의 가톨릭, 감자 농사, 시인 예이츠, 런던에 살고 있는 아일랜드 사람들, 미국에 산재한 아이리시 헤리티지. 페트릭은 나와 동갑인데 12남매의 맏이다. 아버지의 형제도 열인가 그보다 더 많다고 했다. 2018년 여름, 런던에서 페트릭이 목수가 맞다는 것을 처음으로 느꼈다. 오랜 역사를 가지고 있는 제재소를 꼭 내게 보여주고 싶다며 길을 나섰는데, 런던이 맞을까 싶은 느낌마저 드는 변두리였다. 직장을 찾아 런던에 온 아일랜드 촌뜨기가 젊은 시절 이 동네에 살았다고 했다. 후미진 곳에 있는 제재소는 19세기부터 영국 황실에 목재를 공급하는 집이라는 표시로 '왕실 인증Royal Certificate' 인장이 입구에 붙어 있었다. 대표는 인도 출신 런더너였다. 인도 악센트가 전혀 없는 것으로 보아 아마 몇 대가 혹은 수백 년 영국에 살아왔을 수도 있다. 황실에 목재를 공급한다는 제재소에는 놀랍게도 배나무, 벚나무, 올리브나무 제재목이 있었다. 모두 유럽에서 벌채한 나무들이라 했다. 미국산, 아프리카산, 브라질산 등 대양을 너머 수입한 목재는 세계 어디서나 볼 수 있는 제재소의 일반적 풍경. 오히려 비싸다는 이유로 잘 사용되지 않는 지역의 목재를 재고로 보유하는 제재소를 만나면 나는 순간 숙연해진다. 그들의 지난 아카이브와 헤리티지가 느껴지기 때문이다. 임산 대국 독일, 프랑스에서도 흔치 않은 광경을 런던에서 보며 내심 놀라 원산지와 유통 과정을 물어보았다. 인도인 대표가 주저 없이 설명해주는데 정보가 정확했다. 이런 전문가를 만나면 거래를 떠나서 여간 유쾌하지 않다. 대체로 내공을 갖춘 전문가들은 협량하지 않고 친절하다. 긍지라는 그의 바탕에서 비롯되었을까? 세기에 걸친 영국 제재소 주인의 자부심이 고스란히 전달되었다.

내가 오랫동안 보아온 중에 중부 유럽 독일권은 건축 내장 가구에 목재를 유난히 잘 사용하는 지역이다. 스위스, 독일, 오스트리아는 정밀기계공업, 제약, 화학이 두드러지나 목재 엔지니어링에도 단연 앞선 나라들이다. 내촌목공소 투어를 진행하며 독일에서 가공한 목재, 독일 천연 오일과 페인트, 오스트리아 하드웨어를 설명할 때면 민망하다. 내가 마치 게르만 제품을 홍보하는 사람 같아서다. 어쩌겠는가, 경제적인 미국, 이탈리아, 일본, 중국 제품이 즐비하나 목공소의 규격과 등급에 맞는 것을 찾으면 또 독일이요, 스위스다.

그런데 100~200년 전 건축의 내부에 사용한 목재를 보면 또 다른 이야기가 전개된다. 템스강을 끼고 있는 그리니치 해군 병원 부속 채플chapel 예배당의 목재 장식과 마감 디테일은 세계의 어느 건축과 비교하더라도 압도적이다. 채플 내부 목재 씀씀이의 다양함과 정밀함을 보면 예수와 요셉 목수 부자가 천상에서 내려와 세상에 목공을 가르치고 가셨나 싶을 정도다. 그런데 이 인도인 선조들이 해군 병원에 목재를 공급했다고 한다. 자오선 0도의 기점, 대영제국 해군 본부가 있던 그리니치는 런던과 붙어 있다. 런던 외곽 수수한 목재소의 아카이브가 조지아 왕조 1700년대에 미치니 내가 첼시 토박이들에게 들은 아프리카, 인도, 인도차이나, 일본 이야기와 더불어 하나하나가 그저 전설이었다. 19세기 할아버지의 극동 여행에서 컬렉션한 일본 그림은 게스트 룸 벽에, 또 할머니의 치펜데일Chippendale 영국의 가구 디자이너 토머스 치펜데일이 창시한 스타일. 정교한 투각 모양의 의자가 유명하다 다이닝 테이블과 의자는 1층 거실에서 여전히 사용하고 있었다.

오크필드 스트리트 4번지에서 내가 처음 만난 사람은 집주인 토니 러브데이다. 그는 양고기 스테이크를 멋지게 요리하던 신사. 2층 거실의 안락의자에 앉아 늘 BBC 다큐 채널을 켜

두고 있던 이. 그는 그 안락의자에 앉아 영면했다고 4번지의 새 주인이 내게 전했다. 토니의 직업은 사서司書였다. 케임브리지 킹스 칼리지에서 영문학을 전공했다. 나는 토니에게 와인을 배웠고 한때 그의 임지였던 인도차이나, 아프리카 이야기를 들으며 제국의 후예들이 연고를 가진 제3세계 국가와 현지인에 대한 애정이 얼마나 깊은지도 알게 되었다. 영국 정부가 영연방국에 사서를 파견한 배경과 제도를 나는 모르지만 엘리자베스 여왕의 의전 행사장에 사서가 두세 번째 줄에 앉는다는 것도 이해할 수 없었다. 빅토리안 하우스의 실내 계단을 겨우 올라 도달하는 4층에 있는 방은 내가 런던에 들를 때마다 머무는 공간이다. 19세기에 지은 집은 파사드façade 건축물 전면부가 아주 좁지만 뒤로 평면이 길쭉하고 층층이 미로 같은 계단을 통해 방이 나오고 또 숨어 있다. 4층 방에는 일본 판화 우키요에17세기~20세기 초 일본 에도 시대의 풍속화 두 장이 100년 넘도록 벽에 붙어 있다. 토니의 할아버지가 19세기 말 요코하마에서 컬렉션한 작품이다. 반 고흐가 아를의 노란 방 벽에 여러 장 걸어두었던 그 우키요에 판화다. 나는 일본의 우키요에를, 반 고흐가 일본 민속화의 구도와 색상에 그렇게 많은 영향을 받았다는 것도 런던의 이 집에서 처음 들었다.

참나무들판길 4번지 집에서 또 영어 단어 퍼블릭^{public}을 배웠다. 내가 알고 있던 '퍼블릭'과 의미가 달라 얼마나 당황했던지. 영국 최고 명문 중·고등학교 중 하나로 꼽히는 이튼 칼리지는 당연히 사립학교로 알고 있었다. 그런데 사립학교 명칭이 퍼블릭 스쿨이다. 귀족 명문가 자제들이 다니고 많은 후원을 받으며 사립으로 운영될지언정 이튼은 퍼블릭 스쿨이다. 나는 프라이빗이나 프렙을 사립학교로 알고 있었는데 말이다. 영화 〈러브 스토리〉의 제니^{앨리 맥그로} 분는 하버드 대학생 올리버^{라이언 오닐} 분를 한눈에 알아보고 "너 프렙 출신이지?"라고 했다. 수세기에 걸쳐 영어권 최고의 명문 학교로 평가받는 영국의 이튼은 엄연한 퍼블릭 스쿨이다. 4번지 가족들은 대를 이어 이튼 칼리지를 거쳐 케임브리지 대학 학위를 가지고 있었다. 정말이냐? 왜 퍼블릭으로 쓰느냐? 나의 질문이 길었다.

퍼블릭은 일반 대중, 보통을 일컫는 뜻이나 공공과 관련된 일이니 무엇보다 소중한 가치, 명예를 내포한다는 것을 나는 알지 못했다. 공공, 공중이나 공무 국가의 일이 퍼블릭이다. 개인의 이익과 관련되지 않은 공공의 일이니 당연히 더 큰 명예와 칭송은 퍼블릭의 몫이다. 역사에서 최초의 산업혁명을 일으켰고 자본주의의 정신으로 오대양을 품었던 나라는 개인

^{프라이빗}이 아니라 공공^{퍼블릭}에 최고의 명예를 부여하고 있었다. 가만히 보자, 영국 황실 왕자들의 결혼식 예복은 항상 해군 제복이다. 국가를 위한 공공과 관련한 일에 대한 가치를 황실 의전에서 선언하는 것이다. 이튼 칼리지는 세계의 명문이며 사립 학교로 소개되고 있지만 15세기 이래 영국의 공식적인 퍼블릭 스쿨이다. 런던 첼시의 집에서 배운 영국 '퍼블릭의 정신'은 내 세계관을 흔든 큰 사건이었다.

런던 참나무들판길 4번지 집과 인연을 갖고 옥스브리지 Oxbridge 옥스퍼드 대학과 케임브리지 대학을 합친 말 출신들과 내가 이웃사촌이 된 연유가 더없이 단순하지만 그동안의 이야기는 길다. 내가 사원으로 근무했던 첫 직장의 부장님이 중동 근무를 마치고 선택한 곳은 서울이 아니라 런던이었다. 자연히 내 유럽 출장도 런던을 경유하는 일이 잦았고. 초년병 시절 나의 부장님은 약관에 대표이사가 된 과거 부하 직원에게 영원한 상사 역할을 했다. 영국에서 수행해야 할 비즈니스의 주제에 따라 동서남북을 안내하며 내 영어 단어 하나까지 교정해주었다. 사원 시절 내가 작성한 문서의 관사까지 고쳐주었던 분이다. 미심쩍으면 이웃의 옥스퍼드, 케임브리지 출신을 동원하여 내 문장을 '킹스 잉글리시'로 다듬었다.

며칠 런던에 머물면 피카딜리의 신작 뮤지컬은 반드시 관람하게 했고 또 여름 시즌에는 앨버트 홀의 프롬 스케줄도 놓치지 않게 내 일정을 짜주었다. 이러며 시간이 흘렀고 토니 러브데이가 가톨릭 절차를 갖춰 영면한 지도 벌써 20년. 4번지 집주인은 케임브리지, 킹스 칼리지 출신의 영국인에서 서울대 문리대를 졸업한 나의 상사로 바뀌었다. 집주인의 변동과 관계없이 아일랜드 출신 목수 페트릭은 여전히 지하 방^{집사의 거처}에 살고 있다.

어느 해 여름 터너와 컨스터블의 고향과 두 화가가 즐겨 그린 풍경화의 현장을 찾을 기회가 있었다. 4번지 집에 거주하는 나의 영원한 상사와 아일랜드 목수 페트릭은 내 일정과 루트를 일일이 참견했다. 에식스, 스코틀랜드를 거쳐 런던으로 돌아오니 세상에나, 데이비드 호크니의 런던 화실에 가보잖다. 그동안 페트릭은 첼시 미술대학에서 만학을 했다. 호크니는 첼시 미술대학에서 젊은 아티스트를 대상으로 강의도 했다고 한다.

글 쓰는 것을 그렇게 어려워하던 목수의 작업실에 짧은 글이 붙어 있었다.

Cast a cold eye

On life, on death

Horseman, pass by.

삶에 죽음에

차가운 시선을 던져라

말 탄 이여 지나가라

슬라이고에 묻힌 예이츠의 묘비명이라고 했다. 목수 페트릭은 북아일랜드 목 밑에 위치한 슬라이고 출신이다. 4번지 집주인 나의 선배도 언젠가 그를 기억하는 후배들에게 "말 탄 이여 지나가라"라는 글을 남길 때가 올 것이고, 참나무밭 거리에서 스트리트 파티를 하며 떠들던 이들 중 이제 이렇게 저렇게 떠난 이들이 많다. 이웃 간에 격의 없는 파티를 하면서 바로 옆집에도 종이 카드에 적은 초대장을 보내던 사람들, 나의 유럽 비즈니스에 자기 일처럼 손발 걷고 앞장서주던 빅토리안 하우스에 살던 이웃사촌, 하나같이 영화, 뮤지컬, 앨버트 홀 연주회 이야기로 끝이 없던 수다쟁이들이었다. 이제 그 이웃들을 기억하는 사람 중 가장 젊은 사람은 아일랜드인 페트릭과 한국에 있는 나다. 페트릭과 나의 4번지 집에 대한 기억도 언젠가 희미해지겠지만 매해 4월 벚꽃이 오가는 길을 채우고 나면 곧이어 라임나무에는 벌들이 잉잉거리며 모여들 것이다.

노란 페인트 색깔 대문의 4번지 집은 거리의 벚나무, 라임나무와 앞으로도 오래 남아 새로이 등장하는 이야기를 기록할 것이다. 이 집에서 19세기 러스킨과 윌리엄 모리스를 읽었고 찰스 디킨스 시대의 조명 아래 영국의 퍼블릭을 배웠다. 집주인은 저녁이면 나를 위해 늘 조지안 양식의 다이닝 테이블에 와인 잔을 올려두었다. 이 길은 빅토리안 건축 보존 동네이기도 하다. 조지안, 빅토리안, 윌리엄 모리스의 공예 운동을 내가 마치 미술사 전공자인 양 식별하는 것은 런던 참나무들판길 4번지 집이 내 삶에 준 선물이다.

내 친구의 런던 집

매년 5월 눈부시는 첼시 플라워 쇼. SW 사우스웨스트 첼시얼스코트역이 있고 켄싱턴궁, 첼시 병원도 있다. 빅토리안 하우스가 줄을 잇는다. 19세기 주택들은 판박이로 생겨 상가 뒷길은 어디로 보아도 똑같다. 지금 런던의 SW 지구 첼시는 세계의 유명 부촌 중 하나가 되었지만, 19세기 중엽 런던 부동산 개발업자들이 만든 동네다. 격조 갖추었던 골목길의 집들은 한 집 건너 지금 외국 투자자들로 주인이 바뀌고 있다. 펍이 변하고 상점도 바뀌고. 어디 런던 첼시뿐이겠는가?

두 역사驛舍 이야기

서울역이 지하철, 고속철, 공항철도와 연결되며 조금씩 모습을 달리하더니 결국 역 구내의 양식당 '그릴'이 문을 닫았다. 1970년대 말 1980년대 초 서울 도심에 국제 규모의 일급 호텔들이 들어서면서 서울역 양식당의 위세가 점점 바래지더니 그만 아스라히 기억의 공간으로만 남게 되었다. 내 기억을 대충 더듬으면 서울 중앙역은 새마을호가 등장하며 옆으로 대합실이 덧붙여졌고 이후 지하철역, 또 고속철이 등장하면서 그 기능까지 완전히 바뀌었다. 나 역시 생활의 터를 달리한 지 오래, 이제 서울역을 통하여 이동하는 경우는 드물다. 몸은 멀어졌지만 나의 서울역은 홀 안으로 발을 들여놓으면 갑자기 시끌벅적 장터였고 반복되는 방송 안내, 늘 침침했던 실내 조명까지 생생하다. 모두 지나간 이야기가 되었다.

1980년대 중반 도쿄역. 내가 일하던 회사의 도쿄 지점은 바로 도쿄역 앞 마루노우치 빌딩에 있었다. 도쿄의 도심이 이렇게 완벽히 재개발될 줄은 상상을 못 했다. 흔히 일본을 중국, 한국과 비교하여 유별나게 전통을 보존하며 몇백 년 된 가업을 물려받고 장인들은 직종을 고집하는 사회라 이야기하고, 나도 그런 줄로 알고 있었다. 그런데 나의 개인적 체험으로는 어느 특정 사회나 나라의 국민성에 대한 일반적 평가와 전제는 모두 편견이더라는 것. 대부분 일치하지 않았다.

긴자의 그 유명한 스시집은 폐업한 지 오래며 천왕이 다녀갔다 자랑하던 오사카 우동집의 늦은 점심때 손님이 오직 나뿐이었고, 일본이 자랑하는 대장간에서 쇠 두드리는 명인들을 도무지 찾을 길이 없다. 당시 도쿄역과 긴자 사이에는 고층 건물이 별로 없었다. 건물의 높이로 도쿄 도심은 재개발 전 서울의 종로, 을지로와 대동소이했다. 특히 잊히지 않는 풍경이 있다. 그 무렵 세계에서 가장 부동산 가격이 높았던 긴자에 삼나무 널빤지에 아스팔트 칠을 한 단층, 2층 판잣집이 즐비했고, 길가에 버드나무가 넘실댔다. 긴자의 버드나무는 자라지를 않는지, 판잣집은 자취가 없어졌지만 가로수는 그대로다. 몇 해 전 도쿄의 일본 친구가 내촌목공소를 다녀갔다. 그는 나보다 서울 무교동 골목을, 우리나라 경승지를 속속들이 더 알고 있는 사람이다. 강원도에 와서 "한국 정말 깨끗해졌다"를 몇 번이나 되뇌었다. 그와 함께 도쿄로 기차 여행을 하던 때, 늦은 밤 긴자의 골목길을 헤치며 다녔던 시절이 떠올라 '세월이 흐르고, 세상도 바뀌었구나', 만감이 겹쳤다.

서울역이 두런두런 왁자지껄하다면 도쿄역은 여름 장대비처럼 일제히 사람들이 쏟아졌다. 요즈음 많이 달라진 듯한데

30~40년 전 우리는 경제, 문화, 사회, 체육, 무슨 분야이든 일본과 억지 비교를 하고는 했다. 일본 사회 이 모습 저 모습을 보며 때로는 망연자실했고 때로는 얼마나 부러웠던지. 명동은 도쿄의 긴자, KBS교향악단은 NHK, 고교 야구는 오사카의 고시엔효고현 니시노미야시 야구 구장에서 하는 고교 야구 이런 식이었다. 도쿄역을 보면 당연히 서울역을 떠올렸고.

기차역은 집으로 가며, 또 집을 떠나며 꼭 거치는 너와 나, 모두의 집이다. 가족의 출영이나 환송은 기차역으로 연장되었다. 떠나면서 집에서 인사를, 그리고 기차역에서 가족과 마지막 인사를 한 번 더 했다. 멀리 떠났다가 고향 역이 가까이 오고 기차가 플랫폼에 멎으면 집에 도착한 것이다. 개찰구를 통과해 기차역 홀에 들어서면 마냥 드는 안도감. 역 구내에 들어서는 순간 내 긴 여정은 끝난 것이다.

고향을 떠나온 지 얼마인가. 이제 떠나 살아온 세월이 고향에서 머문 시간보다 두 곱도 넘었으니 아무리 둘러봐도 낯익은 사람 하나 보이지 않는 고향 역. 그런데 역은 플랫폼에 발을 내리면 바로 나를 감싸 안는다. '집에 왔구나.' 대부분 역에는 중앙 홀을 겸한 대합실이 있고 선로로 들어가는 개찰구와 매표소가 있다. 구내식당이나 카페를 갖춘 기차역은 상당히 규모가 큰 도시인 경우다.

역사驛舍의 한자 舍사는 집이다. 영어의 레일웨이 스테이션 railway station, 스테이션 또한 머무르는, 위치, 집이란 의미가 있다. 독일 기차역 반 호프Bahn Hof의 호프도 거주하는 곳 그리고 집이란 뜻을 가진다. 기차역을 집이라 부르는 것은 이렇게 동서가 다르지 않다. 그렇지만 마차를 대체한 스티븐슨의 증기 기관차가 단숨에 세계 구석구석의 주요 운송 교통수단이 된 역사는 아직 200여 년에 불과하다. 그럼에도 기차역의 서정은 우리에게 얼마나 깊이 들어와 있는가? 요즈음은 세계 어디서나 민간인의 공항 이용 빈도가 전에 없이 급증하였다. 국제공항에는 대기 줄이 길어 웬만치 일찍 도착하지 않으면 낭패할 정도로 공항이 붐빈다. 그런데 대륙과 대양을 지나 비행기가 공항에 착륙해도 집에 왔다는 느낌은 왠지 들지 않는다. 공항은 비행기의 동체가 머무는 곳 포트port이며 종착지terminal이지 그리운 집은 아니다. 이와 달리 기차역은 문명사에서 인류가 이동하며 생긴 '길'의 맥락을 고스란히 잇는다. 산업혁명 후 신문명의 철로가 놓이며 대뜸 나타난 건축물이 아닌 것이다.

실크로드든 소금길이든 아니면 채굴한 광물을 옮기는 수송로이든 어떤 형태의 길에도 역참공무를 수행하기 위하여 설치한 교통, 통신 기관이 있었다. 역참이 있어 사람은 숙박을 하고 동행하는 말도 한숨 돌릴 수 있었다. 이슬 겨우 피할 수 있는 원시의 한 뼘 공간이거나 잠자리와 음식이 제공되는 제법 규모를 갖춘 역참도 차츰 등장했을 것이다.

이 인류의 오랜 길이 나중 기찻길이 되었고 역참으로 번성한 장소는 기차역이 되었다. 독일, 오스트리아 등 중부 유럽에는 소금길 그리고 로마로 가는 길로만틱 로드. 고대 로마 시대에 로마인들이 지나갔던 길로 독일 남부의 뷔르츠부르크와 퓌센을 연결한다에 면한 도시를 따라 기찻길이 놓였다. 이탈리아 제일 북단 볼차노, 오스트리아의 인스부르크·잘츠부르크, 독일 남부의 뮌헨이 그런 유래의 도시들이다. 대륙에서 떨어진 섬 영국에도 로마군 이동의 흔적은 길게 남았다. 수도 런던과 맨체스터가 로마군이 주둔하며 번창한 대표적 도시다. 2000년 전 로마의 병참 도시였던 맨체스터는 리버풀과 연결되는 철도 선로의 출발지다. 세계 최초의 도시 간 철도였다. 이 철도 노선 구간에서 세계사의 산업혁명은 태동했다. '기차역은 하루아침에 이루어진 것이 아니다.' 특히 이웃 일본에서 길, 료칸, 온천장, 기차역을 보면서 인간이 살아온 모습은 대륙의 이쪽이든 저쪽이든 크게 다르지 않다는 것을 실감한다. 유서 있는 료칸과 온천장은 별개 심산유

곡深山幽谷에 숨어 있기보다 대체로 옛길에 면해 있다. 일본 혼슈의 동서남북으로 도쿄 가는 길이 에도가도江戶街道다. 눈 많은 깊은 산골 다카야마高山에는 도쿄 가는 옛 길가에 단선單線만 지나는 기차역과 료칸이 남아 있었다.

기찻길을 소재로 한 이야기와 노래, 또 미술과 영화는 끊이지가 않는다. 최초 기차가 놓인 나라 영국의 화가 터너빛과 색에 몰두한 풍경화가는 템스강 위를 달리는 기차 「비, 증기 그리고 속도1844」를 그렸다. 런던 내셔널 갤러리에 걸려 있는 이 작품을 보면 화가는 공기도, 기차의 속도도 묘사하였다. 기차는 증기 가득한 대기 속이 아니라 꿈속을 달린다. 이에 비하여 모네의 「생라자르역1877」은 아주 사실적이다. 그림 속 증기기관차가 내뿜는 가득한 연기와 칙칙폭폭 소리는 파리 오르세 미술관 실내를 흔들고 있다. 터너에게도 모네에게도 무시무시한 속도로 달리는 기차 차창으로 펼쳐지는 파노라마와 기차 여행의 경험은 캔버스 위에 옮겨져 지금 우리 앞에 남았다. 고속철, 자기부상열차가 분초를 다투는 시대에 살면서 기차에서 뿜어내는 연기 그리고 그 덜컹거리며 화통을 부수던 소리가 그립다.

문학에서도 기차는 예사롭지 않은 복선으로, 때로는 강력한 미학적 도구로 사용된다. 톨스토이의 〈안나 카레니나〉는 기차에서 시작하여 기차역에서 끝난다. 페테르부르크와 모스크바 간 열차에서 안나는 처음 브론스키를 만난다. 비련의 첫 장면이다. 그리고 기차역에서 그녀의 생을 마친다. 가출한 안나의 마지막 집이 되어버린 기차역. 톨스토이도 그의 마지막이 기차역이었으니 참 묘하다. 시리도록 미학적인 가와바타 야스나리의 〈설국〉. 그는 국경의 긴 터널을 지나 온통 눈 나라 온천장 산골 역으로 독자를 끌고 간다. 바깥이 캄캄하여 거울이 되어버린 기차의 창으로 옆에 있는 게이샤의 얼굴이 살짝 보인다. 산골 기차역 마을에는 역장도, 게이샤도, 온천장에 머무는 화자話者 간에도 아무런 구별이 없다. 너 나 구별이 없고 눈까지 하나가 되어버린 곳. 그 기차역에 가고 싶다.

유럽에서 기차를 이용하며 그들의 선로 운영에 탄복했다. 영국과 스위스 한적한 지방의 작은 기차역에서 시간을 맞추어 플랫폼에 이어지는 철로를 보면서 영화 속의 장면보다 더 회화적이어서 짐짓 놀랄 때도 더러 있었다. 그러나 기차역과 관련한 어느 장면이 일본 영화 〈철도원〉을 능가할까. 눈이 많은 동네, 딸과 아내를 앞세웠던 역장은 평생 일했던 그의 기차역에서 마지막을 맞는다. 시간은 지나고 사람도 바래졌으나 기차역이 있어 역장은 영원한 안식을 찾았다.

나만 서울역과 도쿄역을 비교하며 감상에 빠져 있는 줄 알았다. 둘러보니 건축학계에서도 서울역 설계의 뿌리를 찾는 연구를 하며 도쿄역을 살피고 있다. 서울역은 일제강점기의 건축이니 건축학자들은 동시대 도쿄역의 건축 자료를 찾는다. 건축학자들은 두 역사의 건축양식을 네오르네상스라 설명한다. 세밀히 보면 먼저 건축된 도쿄역사는 네오르네상스 갈래에서 19세기 영국의 빅토리안 양식으로 읽는 것이 더 엄밀할 듯하다. 영국의 에든버러, 호주의 멜버른, 캐나다의 밴쿠버에서 흔히 만나는 붉은 벽돌 건축 말이다. 대비하면 나중 지어진 서울역사가 더 고전적이다. 우리의 서울역을 서양 건축양식으로 분류하니 쑥스러우나 이탈리아 복고 르네상스 스타일이 짙다. 르네상스 시기에 확립된 고전주의 건축으로 우리 근대건축을 구별하니 이 또한 어색하기는 마찬가지지만. 고대 그리스, 로마 양식을 추구한 유럽의 르네상스 건축을 고전이라 한다. 그러니 아테네의 파르테논, 로마 판테온, 콜로세움의 기둥과 장식이 르네상스 시기 이탈리아 피렌체에서 시작하여 이웃 프랑스, 독일에서도 고전이 되었다. 우리가 만나는 서울역, 덕수궁 석조전, 한국은행 박물관, 신세계백화점은 19세기

에 다시 유행한 르네상스 스타일, 즉 신르네상스 혹은 신고전
주의 건축양식이다.

서울역사의 전체 조형과 중앙 지붕 돔은 도쿄역사와 비교하면
시각적으로 한결 푸근하게 보인다. 1914년 태생의 도쿄역사는
오랫동안 복원 공사를 하더니 2012년 재개장하였다. 1층 카페
는 대번에 도쿄의 명소가 되어 입구에 기다리는 사람들의 줄이
길다. 각 지방의 중국인들이 베이징 천안문 앞에서 기념사진을
찍듯이 도쿄역 광장에도 단체 사진 촬영하는 일본인들이 넘실
거린다. 새로 단장한 도쿄역 호텔^{더 도쿄 스테이션 호텔}도 문을 열었
다. 서울역사가 문화 공간으로 변신한 데 비하여 도쿄역사는
다시 원래 모습 그대로 시민들이 이용하는 친숙한 공간으로
돌아온 것이 부럽다.

붉은 벽돌의 도쿄역사를 볼 때마다 내 마음은 잔잔했던 적이
없었다. 도쿄에 오는 식민지 청년들이 가장 처음 만났던 도쿄
역. 피천득 선생이 아사코의 집을 찾아갈 때도 거쳤을 도쿄역.
날자꾸나 날자꾸나 갈망했던 시인 이상은 도쿄에서 그대로
화석이 되어버렸다. 내 아버지로부터 가장 많이 들은 도쿄 이
야기는 일본 술과 일본산 술잔이다. 무엇일까, 반도의 식민지
에서 도쿄역에 처음 도착한 그들의 경탄과 탄식 소리가 늘 내

귀에 생생하게 들린다. 제국의 수도 도쿄역에 도착하여 그들이 느꼈을 경탄은 아마 탄식과 슬픔의 다른 표현이었을 것이다. 그들에게 그 시절은 "그러나 지금은 들을 빼앗겨 봄조차 빼앗기겠네." -이상화, 「빼앗긴 들에도 봄은 오는가」 일본의 여러 건축과 경승지 중에서도 나는 유독 도쿄역 앞에서 위 세대의 감상에 쉽게 젖어 든다. "서울역에서 출발한 조선 젊은이 넷은 경부선 삼랑진역에서 조선 민중의 삶의 현장을 보고 새로운 지식인으로 살기를 결심하고 유학길에 올랐다." -이광수, 〈무정〉 다마섹 구약 성경에 나오는 아람의 수도, 현 시리아 가던 길의 전도자 바울처럼 식민지의 청년들은 물난리가 난 경부선 작은 기차역에서 다시 태어났다.

지금 도쿄역은 역사 내에 호텔을 복원하고 재개장하여 영욕의 100년 세월을 품고 저렇게 서 있는데 서울역의 양식당은 문을 닫았다. "매운 계절의 채찍에 갈겨 마침내 북방으로 휩쓸려 오다." -이육사, 「절정」 개나리 봇짐 들고 남에서 북방의 압록강, 두만강을 넘던 이들이 지났던, 북에서 남으로 부산·일본을 향했던 사람들, 한국동란으로 해체되었던 가족들이 한 많은 피난살이에서 다시 돌아오는 모습을 모두 지켜보았던 서울역. 우리 곁에 남아 있는 신고전주의 양식의 100년 건축이다.

서울역과 도쿄역

서울역사는 1925년에 지어진 일제강점기 건
축이다. 네덜란드 암스테르담역과 스위스 루
체른역을 모델로 건축했다고 전하나 확실치
는 않다. 신고전주의 양식의 건축이다. 화재
전 루체른역의 사진을 보면 서울역과 유사한
것은 사실이다. 서울역은 신의주, 베이징, 모
스크바가 연결되는 기차역이었다. 이 루트가
살아나면 서울역은 중국 전역과 유럽 모든
도시와 연결된다.

서울역과 비교하며 찾아보니 도쿄역은 1914
년 완공했다. 2007년부터 시작해 오랫동안
보수 공사를 한 후 2012년 복원했고, 도쿄역
호텔을 재개장했다. 역사와 다른 출입구를
사용하는데 역사 내부의 호텔이라는 설정은
배울 만한 운영이다. 20세기 초의 신고전주의
양식이나 서울역에 비해 훨씬 영국 조지안풍
이다. 일본은 철도의 나라다. 도쿄역의 위상
을 유지할지는 두고 볼 일이다. 도쿄 최초의
역은 신바시였다.

시로 기억하다

석탄이 천연 금괴만큼이나 귀하고 흔치 않던 때였지.

나는 다락방에서 시를 썼다네.

눈이 지붕 틈새로 떨어지며 푸르러지던.

- 피에르 르베르디,「타원형 천장」

천창이 있는 다락방 한편에 쌓여 있는 석탄 위로 눈은 녹아내려 푸른빛이 되었다. 그 안에서 시인은 시를 쓴다. 파리에 온 젊은 르베르디는 몽마르트르에 자리를 잡았다. 이웃으로 피카소, 모딜리아니, 마티스, 시인 앙드레 브르통이 있었다 한다.「타원형 천장」은 20세기 초 세계대전 직전의 흥청거리며 자신감이 넘치던 세상, 벨 에포크^{좋은 시절이라는 뜻}라 불리던 때 쓴 시나.

좋은 시절도 몽마르트르에 모여 살던 젊은 시인과 스페인 출신 화가에게까지 미치지는 못한 것 같다. 실내를 덥힐 석탄 구하기도 어려웠나 보다. 눈이 녹아 천장에서 물이 뚝뚝 떨어지는 다락방은 춥다. 방의 귀퉁이에 남은 검정 석탄이 푸르다. 그렇게 어설픈 천장 아래서 쓴 시다. 몽마르트르 야트막한 언덕 위에서도 트인 하늘을 보았을 것이다. 남쪽 고향의 삼나무 아래서도 그 하늘이 있었다. 갓 상경한 시인은 다락방 한

칸 빌려 도시 생활을 시작했다. 그 방의 천장 틈새로 서우 하늘을 보았다. 공간의 끝은 천장이었는데 하늘이 그에게 왔다. 천장이 있어 시인은 하늘을 알게 되었다. 시를 썼는데, 가만히 보자, 천장은 시인을 시 속으로 끌고 갔다. 소심한 시인은 감출 수 없어 타원형 천장이라 밝힌다. 천장은 하늘에 이르는 통로, 시인은 천장을 통하여 하늘에 닿았다.

천장을 통해 하늘로 올라간 시인과 다르게 기억 속의 집을 불러와 삶을 관조하는 이가 있다.

소설가 박경리다. 원주 토지문학관과 통영의 묘소에서도 만날 수 있는 「옛날의 그 집」, 소설가 만년의 작업이다.

빗자루병에 걸린 대추나무 수십 그루가

어느 날 일시에 죽어 자빠진 그 집

십오 년을 살았다.

…… 그 집에서 나는 혼자 살았다.

…… 고양이들과 함께 살았다.

정붙이고 살았다.

…… 그 세월, 옛날의 그 집

나를 지켜주는 것은

오로지 적막뿐이었다.

…… 모진 세월 가고

아 아 편안하다 늙어서 이리 편안한 것을

버리고 갈 것만 남아서 참 홀가분하다.

모진 세월 소설가를 지탱하고 집을 지켜준 적막. 박경리 선생의 인생이 적막하지 않았다면 우리는 〈토지〉를 만나지 못했을지도 모른다. "외딴 집에 있어 나만의 적막을 가질 수 있었다." 하이데거의 고백이다. 또 철학자는 이야기한다. "저기 눈보라 치는 적막한 시간이야말로 철학을 할 시간이라오." 그의 저서 〈존재와 시간〉은 독일 흑림의 외딴 오두막집에서 완성되었다. 철학자의 집은 원주 박경리의 문학관 크기의 반도 되지 않는다. 적막 속에서 소설가는 문학을 낳았고, 철학자는 자신의 사상을 다듬었다. 옛날의 그 집과 흑림 토트나우의 외딴 오두막집, 소설가도 철학자도 적막이라 표현했다.

하이데거는 집을 짓고 [buiding] 거주하며 [dwelling] 사유함 [thinking]의 본질이 다르지 않다고 짓다 [Bauen], 거주하다 [Wohnen], 사유 [Denken]의 독일어 어원을 들어 설명한다. 고대 독일어로 짓다 [Bauen]는

Buan인데 '살다', '거주하다'라는 뜻이다. 존재라는 동사 Bin 도 bauen에 뿌리를 둔 단어다. 하이데거에 따르면 우리는 집을 지어서 건축 안에 거주하는 것이 아니라 짓는 행위에서 삶에 눈을 뜬다. 제대로 짓는 것이 거주이며 사유의 출발이다. 1951년 '인간과 공간' 심포지엄에서 하이데거는 건축가들 앞에서 위와 같이 강의를 했다. 현대건축사가들이 거듭 하이데거를 불러내는 이유다.

파리의 가로수 길을 불안스레 헤매던 라이너 마리아 릴케는 제1차 세계대전 직후 그의 집에 붙일 글을 썼다.

1914년에

나는 세워졌다.

아우성치는 사람들에게 부대끼면서도

나는 언제나 앞날을 내다보았다.

나는 믿었으니

믿는 자는 살아남으리.

- 오토 프리드리히 볼노, 〈인간과 공간〉에 실린 릴케의 시

보헤미안으로 살아갈 듯하던 시인이 떡하니 자리를 잡았다. 그리고 "나는 세워졌다. 믿었으니, 믿는 자는 살아남으리", 대단한 반전이다. 그는 집을 지을 힘이 생긴 것이다. 이제 라이너 마리아 릴케는 시인이 되었다.

거주는, 집은 무엇인가? 집은 안전하고 친숙한 공간이다. 여기에 머무는 것이 거주다. 거주는 근원의 문제다. 집에는 내 몸만이 아니라 나의 영혼도 함께 거주하므로. 집에 그이의 육신이 떠나고 영혼마저 떠났을 때 허수경 시인이 쓴 "당신……, 당신이라는 말 참 좋지요, 그래서 불러봅니다 킥킥거리며 한때 적요로움의 울음이 있었던 때, 한 슬픔이 문을 닫으면 또 한 슬픔이 문을 여는 것을 …… 세월에 대해 혹은 사랑과 상처, 상처의 몸이 나에게 기대와 저를 부빌 때 당신 …… 금방 울 것 같은 사내의 아름다움 그 아름다움에 기대 마음의 무덤에 나 벌초하러 진설 음식도 없이 맨 술 한 병 차고 병자처럼 …… 내가 아니라서 끝내 버릴 수 없는, 무를 수도 없는 참혹……, 그러나 킥킥 당신"이라는 시의 제목은 「혼자 가는 먼 집」이다. 그 사내도 떠났고 시인도 떠났다. 영혼을 잡아두기로 '집'뿐이라는 것을 시인은 알고 있었다. 시간을 동여매고 추억을 담기로 집보다 더 큰 그릇이 있을까.

보들레르의 서정을 보자.

나는 잊지 않았네, 도시 근교의

작지만 조용한 우리의 하얀 집!

포모나 석고상도 오래된 비너스상도

……

우리의 길고 말없는 저녁 식사를 지켜보고 있는 듯했다.

촛불 같은 아름다운 반사광을

조촐한 식탁보에도 세루 커튼에도 넓게 퍼부으면서.

- 보들레르, 「나는 잊지 않았네(Je n'ai pas Oublie)」

하얀 옛집은 시인 보들레르마저 감싸 안는다.
집이 시를 낳았다. 영시 중에서 가장 짧다고 알려진 시, 두 단
어, 두 행이 전문이다. 19세기의 시다.

Come,

Home

- 조지 맥도널드, 「Come Home」

이 두 줄은 2019년 8월 에든버러 여름 축제 광장 옆 스코틀랜드 시 낭송 행사장에, '가장 짧고 가장 감미로운 노래The Shortest and Sweetest of Songs'라는 소개와 함께 걸려 있었다

나는 이 책을 「홈 스위트 홈」의 감흥으로 시작했다. 19세기의 노래 아닌가? 보들레르, 릴케, 하이데거, 박경리의 시는 모두 19~20세기의 작품이다. 이런 류를 우리는 고전으로 아낀다.

그리고 내게는 세계의 어느 명시보다도 더 친숙하고 더 사랑하는 노랫말이 하나 있다. 미국 팝 가수 존 덴버가 작사한 「테이크 미 홈 컨트리 로드Take Me Home Country Roads」.

......

Country roads take me home

To the place belong

West Virginia mountain momma

Take me home country roads

All my memories gather round her

Miner's lady stranger to blue water

Dark and dusty painted on the sky

Misty taste of moonshines teardrop in my eyes

Take me home country roads

......

시골길아 날 집으로 데려가다오

내 집 그 보금자리로

웨스트버지니아의 산아

날 집으로 데려가다오 시골길아

내 모든 기억은 그녀뿐이네

광부의 딸인 그녀는 바다를 본 적도 없지

먼지 자욱한 하늘

밀주의 맛 떠올리며 눈물 흐르네

날 집으로 데려가다오 시골길아

지극한 충청도 양반이 생각난다. 형은 취하면 이 노래를 불렀다. 그가 한국 떠난 지 30년이다. 그 시절 함께 일했던 동료들에게 「테이크 미 홈 컨트리 로드」 팝송의 가수는 존 덴버가 아니라 소식 없는 그 형이다. 미국은 죽어도 못 살겠다더니, 혼자서라도 돌아와 고향 청주 선산에 묻힐 거라던 그는 뉴욕에 있는지 뉴저지에 있는지 연락 한 번 없다. 가사를 번역하니 컨트리 로드는 시골길보다 고향길이 낫겠다는 생각이 든다.

'아 고향길아, 날 집으로 데려가다오.'

기억의 집은 사라지지 않는다. 집을 내가 떠났거나 새로 길이 나며 도시의 확장으로 집은 허물어지고 흔적조차 찾을 수 없을지라도 기억 속의 집이 바래지는 않는다. 회억回憶에 남을지언정. 실제로 현대사에서는 2000년 떠돌이로 살다 조상의 고향을 찾아가는 특별한 민족도 등장했다.

갈증에 시달리듯 내 혀가
입천장에 붙을 것이며
내 오른손이 말라 시들어질 것이리라
예루살렘아, 내가 너를 잊는다면
- 하인리히 하이네, 「히브리의 노래」

1851년, 구약성경 시편 137편을 모티프로 하이네가 이 시를 썼다. 음 음 음, 울음으로 시작하는 보니 엠의 「바빌론 강가에서는Rivers of Babylon」도 하이네와 다르지 않게 시편 137편을 노래한 것이다. "우리가 바빌론의 여러 강변 거기에 앉아서 시온을 기억하며 울었도다. 그중의 버드나무에 우리가 우리의 수

금을 걸었나니."

고향 집은 몸서리치게 내 옆에 있다. "못 잊어, 못 잊어" 2000년의 노래가 되었다. "바빌론 강가에서 우리는 앉아 있었지요", "그곳이 차마 꿈엔들 잊힐 리야" –정지용, 「향수」 세월을 넘어 꿈에도 잊을 수 없는 집.

많은 건축가들과 건축학자, 철학자가 집에 관한 에세이를 썼고 그의 감상을 남겼다. 하지만 나는 시인의 노래₩보다 더 큰 감동을 주는 집 이야기를 아직 만나지 못하였다. 무엇일까, 다시 하이데거를 빌리자. "인간은 시 안에서 존재한다."

여기 적은 하이네, 보들레르, 정지용 그리고 가수 존 덴버와 보니 엠의 시와 노래는 공교롭게도 모두 기억의 장소다. 우리는 기억 속에서 살고 있다. 세월 지난 어느 날 지금 나의 집도 기억 속에 존재할 것이고.

집은 기억이며, 기억은 시를 낳았다.

EPILOGUE

집의 미래

2022년 5월 세계 제15차 세계산림총회가 서울에서 열렸다. 5년에 한 번씩 열리는 세계 산림의 올림픽에 UN, 전 세계 정부, 시민 단체, 학계, 기업, 산림 및 환경 분야에 관심이 있는 1만여 명의 관계자들이 참여했다. 대한민국이 세계산림총회의 개최국이 되었다.

셋째 날 오전 포럼의 주제는 목재timber. 바르셀로나의 총괄 건축가였던 비센테 괄라르트가 주제 발표를 했다. 괄라르트는 건축에서 도시환경과 생태라는 주제에 천착해온 건축가로 알려진 분이다. 시종 공학 목재 글루램과 CLT로 지어지는 세계 건축 현황을 설명하였다. 오슬로의 85m 미에스트로네 복합 건물, 밴쿠버의 18층 브리티시컬럼비아 대학 기숙사, 취리히의 100m 로켓 & 타이거리 등 모두 최근 완성했거나 진행 중인 목재 구조 건축이다.

지구가 목재 건축을 요구한다. 지구의 기후변화 때문이다. "UN 산하 IPCC의 특별 보고서에 따르면 지구의 평균온도 상승을 1.5도 내로 억제하기 위해서는 2030년까지 현재 이산화탄소 배출량 45%를 줄이고, 2050년까지는 순 배출 제로[0]인 탄소 중립에 도달해야 한다." 책 〈산림 탄소 경영의 과학적 근거〉이우균 외 공저의 내용이다. 철강 생산이 배출하는 온실가

스는 목재의 350배이며, 콘크리트 생산에 소비되는 에너지는 목재의 6.6배, 철강은 무려 264배에 이른다. 목재 건축을 해야 하는 이유다. 건조된 목재 무게의 반은 탄소다. 그러니 목재 건축은 탄소의 저장고를 만드는 셈이다.

내촌목공소는 2006년부터 공학 목재 工學木材 가공, 품질 관리를 통해 구조적 성능을 지닌 목재로 집을 지어왔다. 한국에서 처음으로 글루램 목재를 건축 구조재로 사용했더니 건축가, 건축 전공자, 산림청에서 많은 분들이 견학을 다녀갔다. 지금 짓고 있는 8평, 6평, 4평 집도 목재 구조 집이다. 이 프로젝트도 온전히 공학 목재로 완성했다. 목구조 집에 대한 의구심을 완전히 떨치지 못한 어떤 분이 집의 수명이 얼마나 갈 수 있느냐고 내게 묻길래 "부석사 무량수전보다 더 튼튼하게 지은 나무 집이다"라고 설명한 적이 있다. 목재 구조 집은 전통이나 목수의 솜씨로 완성되는 것이 아니라 첨단 과학과 지식으로 짓는다.

집 이야기를 시작하였더니 하이데거가 빈번히 등장하고 내가 기억하는 겨우 몇 개의 시는 자꾸 나의 집과 겹쳐졌다. 여기서도 하이데거가 답을 한다. "인간은 시 안에서 살아가는 존재다". 이 집에는 또 어머니도 계속 들어오신다. 르코르뷔지에는 어머니의 집을 지었고, 카를 융은 그의 돌집에서, 심지어 어머니 자궁 안에 머무는 평안함을 느꼈노라 했다. 정신의학자가 이렇게 어머니를 설명하니 더 이상의 해석은 필요치 않으리라. '집'이 건축가 르코르뷔지에, 카를 융, 철학자 하이데거 그리고 시인 보들레르의 사상과 인생을 온통 지배했다는 것을 이번 책을 쓰면서 발견했다. 내가 얻은 큰 수확이다. 집이 그들을 지배한다면 이게 예삿일인가? 나는 집을 짓는다. 선한 집을 지어야 한다.

기억도 분명치 않은 어린 시절부터 대구의 도동서원, 성주 한개마을, 한 굽이만 돌아도 누각과 정자가 나타나는 청도와 밀양을 오가며 자랐다. 그 대청마루와 사랑채의 들기름 냄새가 아직도 나를 떠나지 않고, 새벽녘 부엌문 여닫는 소리도 귀에 쟁쟁하다. 모두 전통 가옥이었다. 교토, 싱가포르, 보스턴, 에든버러, 헬싱키, 어디에서든 집이나 건축 안으로 들어가면 꼭 내 유년의 집과 비교되었다. 나의 고질병이다. 처는 이런 나의 유아기적 집착에 지쳤는지 이제 지적도, 들은 척도 않는다.

내가 원목 가구를 만들고 늘 나무 집을 고집한 것은 나의 경력과 목공소라는 생업 때문이었다. 기후변화, 탄소 중립이라는 인류 절대 절명의 어젠다를 알지 못했다. 기후변화로 북극곰이 사라지고, 부산에 바닷물이 차오르는 날이 오면 어쩔 건가? 이산화탄소 배출 없이 재생되는 목재가 있다는 것은 그나마 인류에게 남은 황홀한 선물이다.

한 업종에서만 구닥다리로 머물던 사람이 미래를 이야기하게 되었다. 탄소 중립을 실현하기 위한 나의 상상력은 나무 집 이외의 대안은 보이지 않는다. 이산화탄소 배출 없이 생산되는 건축 재료를 얻기 전까지는 말이다. 우리가 오랜 세월 살았던 전통 가옥이, 내가 현재 짓고 있는 목재 구조 집이 집의 미래가 될 것이라는 상상을 해본 적이 없었다. 그런데 미래가 내 마당 안으로 성큼 들어왔다.

반 고흐의 들판 위 오두막부터
르코르뷔지에의 호숫가 집까지

집의 탄생

초판 1쇄 발행　　　2022년 6월 10일
초판 2쇄 발행　　　2022년 7월 27일

지은이　　　　　　김민식

펴낸곳　　　　　　브.레드
책임 편집　　　　　이나래
교정·교열　　　　　한정아
그림　　　　　　　수소
디자인　　　　　　성홍연
마케팅　　　　　　김태정
인쇄　　　　　　　(주)상지사피앤비

출판 신고　　　　　2017년 6월 8일 제2017-000113호
주소　　　　　　　서울시 중구 퇴계로 41길 39 703호
전화　　　　　　　02-6242-9516
팩스　　　　　　　02-6280-9517
이메일　　　　　　breadbook.info@gmail.com